DIREITO CIVIL EM PERSPECTIVA
Responsabilidade Civil

Thiago Bruno Lapenda

DIREITO CIVIL EM PERSPECTIVA
Responsabilidade Civil

Copyright © 2020 by Editora Letramento
Copyright © 2020 by Thiago Bruno Lapenda

DIRETOR EDITORIAL | Gustavo Abreu
DIRETOR ADMINISTRATIVO | Júnior Gaudereto
DIRETOR FINANCEIRO | Cláudio Macedo
LOGÍSTICA | Vinícius Santiago
COMUNICAÇÃO E MARKETING | Giulia Staar
EDITORA | Laura Brand
ASSISTENTE EDITORIAL | Carolina Fonseca
DESIGNER EDITORIAL | Gustavo Zeferino e Luís Otávio Ferreira
PREPARAÇÃO E REVISÃO | Lorena Camilo
CONSELHO EDITORIAL | Alessandra Mara de Freitas Silva; Alexandre Morais da Rosa; Bruno Miragem; Carlos María Cárcova; Cássio Augusto de Barros Brant; Cristian Kiefer da Silva; Cristiane Dupret; Edson Nakata Jr; Georges Abboud; Henderson Fürst; Henrique Garbellini Carnio; Henrique Júdice Magalhães; Leonardo Isaac Yarochewsky; Lucas Moraes Martins; Luiz Fernando do Vale de Almeida Guilherme; Nuno Miguel Branco de Sá Viana Rebelo; Renata de Lima Rodrigues; Rubens Casara; Salah H. Khaled Jr; Willis Santiago Guerra Filho.

Todos os direitos reservados.
Não é permitida a reprodução desta obra sem aprovação do Grupo Editorial Letramento.

Dados Internacionais de Catalogação na Publicação (CIP) de acordo com ISBD

L311d	Lapenda, Thiago Bruno
	Direito Civil em perspectiva: responsabilidade civil / Thiago Bruno Lapenda. - Belo Horizonte : Casa do Direito, 2020.
	142 p. ; 15,5cm x 22,5cm.
	Inclui bibliografia.
	ISBN: 978-65-86025-16-3
	1. Direito. 2. Direito Civil. 3. Responsabilidade civil. I. Título.
2020-1118	CDD 347
	CDU 347

Elaborado por Vagner Rodolfo da Silva - CRB-8/9410

Índice para catálogo sistemático:
1. Direito Civil 347
2. Direito Civil 347

Belo Horizonte - MG
Rua Magnólia, 1086
Bairro Caiçara
CEP 30770-020
Fone 31 3327-5771
contato@editoraletramento.com.br
editoraletramento.com.br
casadodireito.com

Casa do Direito é o selo jurídico do Grupo Editorial Letramento

*Emancipate yourselves from mental slavery none
but ourselves can free our minds.*
Robert Marley

SUMÁRIO

PREFÁCIO		11
INTRODUÇÃO		15
RESPONSABILIDADE CIVIL		17
18	1. CONCEITO DE RESPONSABILIDADE CIVIL	
19	2. OBJETIVO DA RESPONSABILIDADE CIVIL	
20	2.1. A reparação integral	
22	3. PRESSUPOSTOS DA RESPONSABILIDADE CIVIL: COMENTÁRIOS INICIAIS SOBRE A AÇÃO, O DANO E O NEXO DE CAUSALIDADE	
26	4. RESPONSABILIDADE CIVIL E RESPONSABILIDADE PENAL	
28	5. RESPONSABILIDADE CIVIL CONTRATUAL E RESPONSABILIDADE CIVIL EXTRACONTRATUAL	
30	5.1. Pressupostos da responsabilidade civil contratual	
31	5.2. Excludentes da responsabilidade civil contratual	
34	5.3. Mora e inadimplemento	
37	5.4. Juros de mora	
39	5.5. Cláusula penal	
41	5.6. Cláusula de não indenizar	
44	5.7. Responsabilidade civil pré contratual, contratual e pós contratual	
47	6. RESPONSABILIDADE CIVIL SUBJETIVA E RESPONSABILIDADE CIVIL OBJETIVA	
52	6.1. A teoria do risco e as suas modalidades	
56	7. RESPONSABILIDADE CIVIL CONSUMERISTA	
RESPONSABILIDADE CIVIL SUBJETIVA		61
61	1. A AÇÃO	
62	2. ATO ILÍCITO	
62	2.1. Antijuridicidade e imputabilidade	

66	2.2. Excludentes da ilicitude
66	2.2.1. Exercício regular de um direito reconhecido
66	2.2.2. Estado de necessidade
68	2.2.3. Legítima defesa
68	2.2.4. Anuência da vítima
70	3. CULPA
72	3.1. Classificação da culpa
76	4. O DANO
78	4.1. Dano direto e indireto
80	4.2. Dano reflexo
82	4.3. Dano material
83	4.4. Dano emergente e lucro cessante
84	4.5. Perda de uma chance
86	4.6. Dano moral
87	4.7. Dano presumido (*in re ipsa*)
89	4.8. Dano estético
91	5. O NEXO DE CAUSALIDADE
92	5.1. Concausas
94	5.2. Excludentes do nexo causal

CASOS DE RESPONSABILIDADE CIVIL OBJETIVA NO CÓDIGO CIVIL — 99

99	1. RESPONSABILIDADE CIVIL DOS EMPRESÁRIOS INDIVIDUAIS E DAS EMPRESAS PELOS PRODUTOS POSTOS EM CIRCULAÇÃO
100	2. RESPONSABILIDADE CIVIL PELO FATO DE TERCEIRO
103	2.1. Responsabilidade dos pais pelo fato dos filhos menores
105	2.2. Responsabilidade dos tutores e curadores
106	2.3. Responsabilidade dos empregadores ou comitentes
107	2.4. Responsabilidade dos hoteleiros e dos donos de educandários
109	2.5. Responsabilidade civil dos que participam gratuitamente no produto do crime

110	2.6.	Responsabilidade civil dos locadores de veículos – Súmula 492 do STF
110	3.	**DIREITO DE REGRESSO COMO CONSEQUÊNCIA NATURAL DA RESPONSABILIDADE CIVIL INDIRETA**
112	3.1.	Responsabilidade civil pelo fato da coisa animada
114	4.	**RESPONSABILIDADE CIVIL PELA RUÍNA DE EDIFÍCIO**
116	5.	**RESPONSABILIDADE CIVIL POR COISAS CAÍDAS DE EDIFÍCIOS**

REPARAÇÃO DO DANO 119

119	1.	REPARAÇÃO E SEUS MODOS
125	2.	DEVEDORES DA REPARAÇÃO
127	3.	TITULARES DA REPARAÇÃO
130	4.	LIQUIDAÇÃO DO DANO
133	4.1.	Liquidação legal
134	4.2.	Liquidação convencional
134	4.3.	Liquidação judicial
135	4.3.1.	Liquidação judicial por arbitramento
136	4.3.2.	Liquidação judicial por artigos

REFERÊNCIAS 137

PREFÁCIO

O livro do Professor Doutor Thiago Lapenda, *Direito Civil em perspectiva: responsabilidade civil* traz relevantes contribuições ao debate em tela e, certamente, cumpre uma dupla e árdua missão: *formar* e *informar*. As folhas que seguem são bem estruturadas por meio de uma potente cadeia lógico-sistemática. Mister se faz pontuar que o olhar de quem manusear as folhas aqui poderá verificar o passeio amplo e preciso dos argumentos apresentados. Por isso mesmo é um texto de boa fruição com maestria da técnica de envolver, encapsulando, duplamente, o processo de formar e informar com rigor acadêmico e prática advocatícia militante.

Os capítulos são postos de maneira cadenciada, trazendo facilidade de compreensão e de leitura para todos, sempre relembrando a tese tripla da responsabilidade civil – equação hipotética – da ação, do dano e do nexo de causalidade. Cada item do sumário que compõe a estruturação do livro se comunica com os demais eixos de desenvolvimento, gerando uma sinfonia harmoniosa de conteúdo e formação pedagógica. A bibliografia citada é bastante sólida e salienta os parâmetros da certeza do relevo deste instituto jurídico de força maiúscula.

Vivemos em um mundo conflituoso e os danos ao patrimônio e à moral individual e coletiva devem ser coibidos e reparados por meio do instituto jurídico que é o objeto central do livro. Precisamos, cada vez mais, mergulhar e avançar neste debate aqui trazido por meio de um olhar atento e transversal.

Ainda sobre a estrutura geral do livro, eu poderia ir mais adiante e enfatizaria o seguinte ponto: esse livro cumpre o papel essencial na interlocução entre teoria e prática do Direito Civil com ênfase na responsabilidade civil. É, desta forma, uma rica fonte para estudos e consultas frequentes, pois aborda o tema de maneira didática e objetiva. A clareza, ademais, é outra característica essencial das folhas que os leitores terão, revelando ser um livro de grande valor para o público ampliado.

Lembro bem da frase do filósofo espanhol, Ortega y Gasset, quando ele asseverava: "Eu sou eu e minhas circunstâncias..." De fato, essa máxima traz reflexões importantes para associarmos o Prof. Lapenda a toda a sua trajetória de vida acadêmica e profissional, como marcos significativos que geraram a idealização e produção do presente estudo. Como sabemos, um exemplar não é produto do acaso; um livro não é – nem jamais será – criado num vácuo. Pelo contrário, representa síntese de experiências, de olhares atentos e de leituras transdisciplinares que mostram a tecitura do ímpeto das linhas que estão postas. Neste sentido, convém, brevemente, tecer alguns comentários, à guisa apenas de informativo geral, sobre as andanças jurídico-profissionais do ilustre autor pelo Brasil, pela Europa e pelos EUA.

Thiago Lapenda fez sua graduação em Direito na Centro Universitário AESO – Barros Melo em 2004. Logo na sequência, fez dois mestrados – ambos internacionais – um pela Faculdade de Direito da Universidade de Lisboa; e o segundo pela tradicional Northwestern University Pritzker School of Law (LLM), em Chicago (EUA). Realizou estudos de extensão jurídica na Berkeley Law School na Califórnia e também no Insper em São Paulo. Concluiu seu doutorado em Direito pela Faculdade de Direito do Recife (UFPE), foi coordenador do curso de Direito, por três anos, da Faculdade Salesiana do Nordeste (FASNE) e é sócio e fundador do escritório Lapenda Advogados, em Recife (PE). Toda essa carga de experiência teórico-prática levou o autor a trazer o que há de mais relevante e atual nos debates sobre a responsabilidade civil, assim entendida por ele como um instituto de estabilidade e previsibilidade das regras jurídicas da sociedade.

Anos de experiência em sala de aula – tanto na academia jurídica universitária quanto na preparação para concursos públicos e para a prova da Ordem dos Advogados do Brasil (OAB) – trouxeram a Thiago Lapenda o mote inspirador para escrever este manual de grande valor. *Direito Civil em perspectiva: responsabilidade civil* opera duas pontes que estão entrelaçadas: o livro reforça, com sutileza, a profundidade da lógica analítica para quem desejar adensamento teórico e também, por seu turno, traz considerações introdutórias de explanação para àqueles que desejam iniciar seus estudos civilistas sobre o tema da responsabilidade civil com atualidade e pertinência.

O autor defende nas suas considerações introdutórias, *in litteris*, que o

> [...] propósito da obra é o de apresentar a matéria ao leitor numa perspectiva facilitada e conectada, abordando os principais elementos necessários à compreensão do tema. *Direito Civil em perspectiva: responsabilidade civil* surge logo após o autor completar o seu primeiro decênio lecionando a disciplina de direito civil, culminando da combinação da academia com o exercício da advocacia, o que justifica a pretensão da obra de abordar a responsabilidade civil numa perspectiva dinâmica e direta.

Eu diria, ademais, que não só a missão acima foi cumprida; ela foi cumprida com habilidade e excelência, ampliando a provocação reflexiva e os debates.

Saudemos, conclusivamente, o livro que temos em mãos. É um texto que merece nossa atenção e aplauso. E que outros livros surjam na força impávida do descobrir novos caminhos na academia e na prática advocatícia, revelando a face humanista do Prof. Thiago Lapenda. Este é um brinde a todos que, como ele, acreditam na alavanca motriz da educação engajada como forma de melhorar nossas relações jurídicas com todos os seus valores aqui preconizados e, em última instancia, expor a alma humana como fator diferencial do bom direito.

Thales Castro

Professor e Coordenador do Curso de Ciência Política da Universidade Católica de Pernambuco (UNICAP), e cônsul da República de Malta em Recife (2020).

INTRODUÇÃO

A norma jurídica tem o claro objetivo de manter o equilíbrio das relações sociais, desencorajando a sua ruptura por atentados ao patrimônio ou aos direitos da personalidade. Trata-se do dever geral de cautela, princípio talhado no nosso direito. E a sua exegese é deveras simples: para se manter o equilíbrio social, é vedado causar prejuízo a outrem. Uma vez rompido esse paradigma normativo, nasce a obrigação de reparar o dano causado, em sua totalidade.

Mas, na convivência em sociedade, lesões ao patrimônio ou à moral alheia são recorrentes, e até mesmo comuns numa engrenagem social complexa. É nesse cenário que opera o instituto da responsabilidade civil, efetivamente regulando quando haverá a obrigação de reparar, quem deverá reparar, quem tem direito à reparação, o modo da reparação e o seu respectivo valor.

Direito Civil em perspectiva: responsabilidade civil sugere que a responsabilidade civil seja pensada como uma equação hipotética, cujos elementos são: a ação, o dano e o nexo de causalidade. Para que tenha resultado positivo, que será a obrigação de reparar, a equação dependerá da cumulação desses três elementos. Ou seja, configurada uma ação, comissiva ou omissiva, da qual decorra um dano, e havendo amarração de causalidade entre ambos, o lesante será obrigado a reparar.

No entanto, não é assim tão simples. Foi necessário analisar a ação pautada em ato lícito, fundada na teoria do risco, e a ação pautada em ato ilícito, baseada na teoria da culpa. Isso porque a norma jurídica prevê a responsabilidade civil tradicional, com base no ato ilícito, bem como a responsabilidade civil objetiva. Essa última, quando desconsidera o elemento subjetivo – a culpa –, visa facilitar o ônus da prova do lesado que busca reparação através de uma ação indenizatória, conforme determina o Código de Processo Civil.

Mais complexa é a análise do ato ilícito que, para ser completo, precisa conter um elemento objetivo, a antijuridicidade, e outro subjetivo, a imputabilidade, sendo essa relacionada à vontade e às características pessoais do agente, quanto à idade e à sanidade.

E é do elemento subjetivo do ato ilícito que decorrem os excludentes da imputabilidade, sendo inimputáveis os menores de idade e os insanos – características pessoais do agente – e aqueles que, embora tenham praticado ação contaminada pela antijuridicidade, não o fizeram com vontade, como as ações derivadas de estado de necessidade, legítima defesa, exercício regular de um direito e estrito cumprimento de um dever legal.

Mas é preciso que da ação decorra um prejuízo efetivo à vítima, incidindo contra o seu patrimônio ou em face de um dos direitos da sua personalidade. E o dano deverá ser certo, atual e efetivo para que seja indenizável.

Uma vez abordado o dano, enquanto segundo elemento da equação hipotética da responsabilidade civil, necessário que exista amarração de causalidade entre a ação e o seu resultado, o dano. É o nexo de causalidade o terceiro elemento da equação, que para se fazer entender foi preciso percorrer as teorias que lhe dão supedâneo, bem como apresentar a exegese do Código Civil sobre o tema. Mais ainda, para a compreensão do nexo de causalidade foi preciso analisar os seus excludentes, ou seja, casos nos quais embora da ação tenha decorrido um dano, não há vinculação de causa e efeito entre ambos, como nos casos de culpa exclusiva da vítima, fato de terceiro, caso fortuito e de força maior.

Ainda no seu primeiro capítulo, o livro aborda a responsabilidade civil de maneira genérica. Na sequência, aborda a responsabilidade civil subjetiva e os casos de responsabilidade civil objetiva já devidamente indicados no Código Civil, como a responsabilidade civil dos empresários individuais, pelo fato de outrem e pelo fato da coisa animada e inanimada.

O estudo também enfrenta as formas de reparação do dano, seja ela específica ou por equivalência, quem tem a titularidade para pleitear reparação e quem tem a obrigação de prestá-la, assim como a forma de cálculo do valor da indenização, quando a reparação for por equivalência.

O propósito desse livro é o de apresentar a matéria ao leitor numa perspectiva facilitada e conectada, abordando os principais elementos necessários à compreensão do tema. *Direito Civil em perspectiva: responsabilidade civil* surge logo após a conclusão do meu primeiro decênio lecionando a disciplina de Direito Civil, culminando da combinação da academia com o exercício da advocacia, o que justifica a pretensão da obra de abordar a responsabilidade civil numa perspectiva dinâmica e direta.

O autor.

RESPONSABILIDADE CIVIL

A responsabilidade civil é o instituto de Direito Civil que determina e regula as situações nas quais um indivíduo se obriga a reparar o dano por ele causado, ou por terceiro a ele vinculado por expressa indicação legal, bem como pelo fato da coisa animada ou inanimada, pela prática de um ato lícito ou ilícito, desde que presentes os pressupostos necessários à composição da obrigação de reparar.

Destacam-se os arts. 186, 389, 927 e 932 do Código Civil. O primeiro deles, trata do ato ilícito, contrário à norma, violador do dever geral de cautela, e que causa dano a outrem. O ato ilícito dá ensejo à responsabilidade civil tradicional ou subjetiva.

> Art. 186. Aquele que, por ação ou omissão voluntária, negligência ou imprudência, violar direito e causar dano a outrem, ainda que exclusivamente moral, comete ato ilícito.

Já o art. 389 do Código Civil, presente no caderno que trata do direito das obrigações, trata da responsabilidade civil decorrente do descumprimento de uma obrigação contratual, pela mora ou pelo inadimplemento. Sendo o contrato uma das fontes do direito das obrigações, o descumprimento da obrigação contratual poderá dar ensejo à responsabilidade civil.

> Art. 389. Não cumprida a obrigação, responde o devedor por perdas e danos, mais juros e atualização monetária segundo índices oficiais regularmente estabelecidos, e honorários de advogado.

É no art. 927 do Código Civil que constam os dois regimes de responsabilidade civil previstos na nossa norma jurídica. No seu *caput*, consta o regime da responsabilidade civil tradicional, ou subjetiva, fundado na teoria da culpa, enquanto – no seu parágrafo único, é prevista a responsabilidade civil objetiva, pautada na teoria do risco ou quando a lei expressamente indica a aplicação desse regime de responsabilidade civil.

> Art. 927. Aquele que, por ato ilícito (arts. 186 e 187), causar dano a outrem, fica obrigado a repará-lo.
> Parágrafo único. Haverá obrigação de reparar o dano, independentemente de culpa, nos casos especificados em lei, ou quando a atividade normalmente desenvolvida pelo autor do dano implicar, por sua natureza, risco para os direitos de outrem.

Por seu turno, o art. 932 do Código Civil prevê as situações nas quais os indicados nos seus cinco incisos responderão por um dano causado por terceiros, em decorrência da vinculação jurídica existente entre eles.

> Art. 932. São também responsáveis pela reparação civil:
> I – os pais, pelos filhos menores que estiverem sob sua autoridade e em sua companhia;
> II – o tutor e o curador, pelos pupilos e curatelados, que se acharem nas mesmas condições;
> III – o empregador ou comitente, por seus empregados, serviçais e prepostos, no exercício do trabalho que lhes competir, ou em razão dele;
> IV – os donos de hotéis, hospedarias, casas ou estabelecimentos onde se albergue por dinheiro, mesmo para fins de educação, pelos seus hóspedes, moradores e educandos;
> V – os que gratuitamente houverem participado nos produtos do crime, até a concorrente quantia.

1. CONCEITO DE RESPONSABILIDADE CIVIL

Por responsabilidade civil se compreende o instituto de Direito Civil que prevê e regula as situações nas quais o causador de um dano – violador do dever geral de cautela – deverá reparar o lesado, trazendo a situação jurídica ao estado anterior ao advento do dano ou compensando o lesado.

Para Maria Helena Diniz, a responsabilidade civil compreende:

> A aplicação de medidas que obriguem a reparar o dano moral ou patrimonial causado a terceiros em razão de ato próprio imputado, de pessoa por quem ele responde, ou de fato ou de coisa de animal sob sua guarda (responsabilidade subjetiva), ou ainda, de simples imposição legal (responsabilidade objetiva). Definição esta que guarda, em sua estrutura, a ideia de culpa quando se cogita da existência de ato ilícito e a do risco, ou seja, da responsabilidade sem culpa.[1]

Já Sílvio de Salvo Venosa acrescenta que:

> O termo responsabilidade é utilizado em qualquer situação na qual alguma pessoa, natural ou jurídica, deva arcar com as consequências de um ato, fato, ou negócio danoso. Sob essa noção, toda atividade humana, portanto, pode acarretar o dever de indenizar.[2]

Sergio Cavalieri Filho estabelece que:

> A essência da responsabilidade está ligada à noção de desvio de conduta, ou seja, foi ela engendrada para alcançar as condutas praticas de forma contrária ao direito e danosa a outrem. Designa o dever que alguém tem de reparar

---

[1] DINIZ, 2003, p. 308.
[2] VENOSA, 2012, p. 1.

o prejuízo decorrente da violação de um outro dever jurídico. Em apertada síntese, responsabilidade civil é um dever jurídico sucessivo que surge para recompor o dano decorrente da violação de um dever jurídico originário.[3]

Pablo Stolze explica que:

> Diríamos que a responsabilidade civil deriva da agressão a um interesse eminentemente particular, sujeitando, assim, o infrator, ao pagamento de uma compensação pecuniária à vítima, caso não possa repor in natura o estado anterior de coisas.[4]

Rui Stoco define que a responsabilidade civil tem o objetivo de:

> Mas não se pode deixar de entender que a responsabilidade civil é uma instituição, enquanto acessória de direitos, e uma instituição, enquanto assecutória de direitos, e um estuário para onde recorrem os insatisfeitos, os injustiçados e os que se danam e se prejudicam por comportamentos dos outros.[5]

Portanto, com o auxílio e alicerce da doutrina mencionada, é possível conceituar responsabilidade civil como sendo um conjunto de regras de direito civil que visam assegurar o dever geral de cautela, indicando as situações nas quais o lesante deverá reparar o dano causado ao lesado.

2. OBJETIVO DA RESPONSABILIDADE CIVIL

A partir do conceito de responsabilidade civil, pode-se encontrar o seu propósito, como sendo o de compelir o causador de um dano a outrem, seja por ato lícito ou ilícito, na obrigação de reparar, trazendo a situação jurídica desequilibrada ao estado anterior, servindo, portanto, como instrumento de controle social e equilíbrio das relações interpessoais.

Afrânio Lyra conclui de maneira categórica sobre o objetivo da responsabilidade civil.

> Quem pratica um ato, ou incorre numa omissão de que resulte dano, deve suportar as consequências do seu procedimento. Trata-se de uma regra elementar de equilíbrio social, na qual se resume, em verdade, o problema da responsabilidade. Vê-se, portanto, que a responsabilidade é um fenômeno social.[6]

Silvio Rodrigues estabelece que a responsabilidade civil determina:

> Uma obrigação que pode incumbir uma pessoa a reparar o prejuízo causado a outra, por fato próprio ou por fato de pessoas ou coisas que dela dependam.[7]

---

[3] CAVALIERI, 2012, p. 2.
[4] STOLZE, 2017, p. 59.
[5] STOCO, 2014, p. 179.
[6] LYRA, 2009, p. 3.
[7] RODRIGUES, 2003, p. 402.

A palavra responsabilidade deriva do latim *respondere*, que imputa ao causador de danos a obrigação de reparar os seus atos, efetivamente reparando, indenizando, respondendo pelo ato lícito ou ilícito, por ele causado e do qual decorreu um dano.

Segundo Judith Martins da Costa:

> Inicialmente, essa expressão ou termo "responsabilidade" não surgiu para exprimir o dever de reparar. Variou da expressão *sponsio*, da figura *stipulatio*, pela qual o devedor confirmava ter com o credor uma obrigação que era, então, garantida por uma causação ou *responsor*. Surge, então, a noção de responsabilidade, como expressão de garantia de pagamento de uma dívida, descartando qualquer ligação com a ideia de culpa.[8]

Ao passo que o Direito Civil pátrio considera o dever de não causar danos a outros indivíduos como um dever jurídico originário, também estipula a consequência pelo desrespeito desse dever, que justamente é a obrigação de reparar o dano causado – e essa reparação deve ser integral.

2.1. A REPARAÇÃO INTEGRAL

O objetivo da responsabilidade civil é a reparação da totalidade do prejuízo causado. A lei civil é clara ao afirmar que a indenização – reparação – se calcula pela extensão do dano. Ou seja, a responsabilidade do causador do dano deverá cobrir integralmente o prejuízo causado, seja qual for a modalidade do dano sofrido. Isso se extrai da redação do art. 944 do Código Civil, que trata da indenização.

> Art. 944. A indenização mede-se pela extensão do dano.
> Parágrafo único. Se houver excessiva desproporção entre a gravidade da culpa e o dano, poderá o juiz reduzir, equitativamente, a indenização.

Noutras palavras, o legislador pretendeu criar uma regra para o cálculo do valor da indenização, determinando até onde vai a obrigação indenizatória do causador do dano, em decorrência da prática de ato lícito ou ilícito do qual um prejuízo tenha sido gerado. E a regra é a de que a reparação é medida pelo tamanho do dano – devendo lhe cobrir completamente. A reparação deverá ser total, integral.

Não se deve considerar o ressarcimento como uma penalidade, mas sim como o resultado prático do ato ilícito praticado, simplesmente porque quem causa prejuízo injusto deve reparar, mantendo-se o equilíbrio social tutelado pelo ordenamento jurídico.

---

[8] COSTA *apud* STOCO, 2014, p. 112.

A extensão do dano será o parâmetro que deverá utilizar o julgador – ou árbitro – na estipulação da obrigação de reparar, não podendo condenar a menos do que o dano em si, sob pena da reparação não ser integral; nem mesmo a mais, sob pena de gerar, à vítima do dano, enriquecimento sem causa.[9]

> Art. 884. Aquele que, sem justa causa, se enriquecer à custa de outrem, será obrigado a restituir o indevidamente auferido, feita a atualização dos valores monetários.
> Parágrafo único. Se o enriquecimento tiver por objeto coisa determinada, quem a recebeu é obrigado a restituí-la, e, se a coisa não mais subsistir, a restituição se fará pelo valor do bem na época em que foi exigido.

Em situações de danos morais e estéticos, por exemplo, a sensibilidade do julgador na verificação do caso concreto é fundamental a um julgamento justo e equilibrado. A reparação integral é precisamente definida por Pontes de Miranda:

> Quem deve reparar o dano tem de restaurar o estado de coisas que existia como seria se não tivesse havido o fato ilícito. Reparar com lucro para o titular da pretensão seria enriquecê-lo injustificadamente.[10]

O grau da culpa do agente foi colocado em segundo plano na quantificação da indenização, eis ter o legislador priorizado o critério da reparação integral, verificando-se, apenas posteriormente, as condições nas quais a ação danosa foi praticada, se com culpa em sentido amplo – dolo – ou em sentido estrito – negligência, imprudência ou imperícia. Entretanto, o Código Civil permite a redução equitativa do valor da indenização se houver excessiva desproporção entre a gravidade da culpa e o dano.

Ou seja, no caso de ação ilícita, baseada, portanto, na teoria da culpa, sendo a culpa *stricto sensu* – negligência, imprudência ou imperícia –, o julgador, na análise casuística, poderá reduzir o valor da indenização se depreender que o agente causador do dano não agiu com extrema negligência, imprudência ou imperícia, por exemplo, ou que houve uma concorrência da vítima no advento do dano.

---

9 O enriquecimento sem causa é contrário à norma jurídica, eis que representa um aumento do patrimônio de uma pessoa em detrimento do outro, indo de encontro ao equilíbrio social.

10 Cf.: MIRANDA, 1959, p. 52. Nesse propósito, merece destaque a conclusão de Cavalieri, que acrescenta que a responsabilidade civil opera para a partir ato ilícito, com o nascimento da obrigação de indenizar, que tem por finalidade tornar indemne o lesado, colocar a vítima na situação em que estaria sem a ocorrência do fato danoso.

> Art. 945. Se a vítima tiver concorrido culposamente para o evento danoso, a sua indenização será fixada tendo-se em conta a gravidade de sua culpa em confronto com a do autor do dano.

Ocorrerá culpa concorrente sempre que o agente e a vítima, concomitantemente, em concurso, contribuírem para o resultado danoso, reduzindo ou mesmo eliminando a indenização.

Destaque-se que a culpa concorrente também terá lugar em casos de responsabilidade civil objetiva, tendo em vista que o art. 738 do Código Civil, que trata do transporte, prevê a possibilidade de concurso entre o lesante e a vítima para o resultado danoso.

> Art. 738. Se o prejuízo sofrido pela pessoa transportada for atribuível à transgressão de normas e instruções regulamentares, o juiz reduzirá equitativamente a indenização na medida em que a vítima houver concorrido para a ocorrência do dano.

Além disso, o julgador é autorizado a reduzir proporcionalmente o valor da indenização para proteger os interesses de incapazes e seus familiares, *ex vi* previsão do parágrafo único do art. 928 do Código Civil.

> Art. 928. O incapaz responde pelos prejuízos que causar, se as pessoas por ele responsáveis não tiverem obrigação de fazê-lo ou não dispuserem de meios suficientes.
> Parágrafo único. A indenização prevista neste artigo, que deverá ser equitativa, não terá lugar se privar do necessário o incapaz ou as pessoas que dele dependem.

Nesse cenário, é forçoso concluir que o princípio da reparação integral não é regra absoluta, devendo ser mitigado em havendo excessiva desproporção entre a gravidade da culpa e o dano e, também, para a tutela de interesses de incapazes e de seus familiares.

3. PRESSUPOSTOS DA RESPONSABILIDADE CIVIL: COMENTÁRIOS INICIAIS SOBRE A AÇÃO, O DANO E O NEXO DE CAUSALIDADE

Com finalidade exclusivamente didática essa literatura sugere que os leitores, principalmente os estudantes de graduação e os candidatos a concursos públicos, pensem no instituto da responsabilidade civil como uma equação hipotética que, para obter resultado positivo – obrigação de indenizar –, exige a combinação de três elementos ou pressupostos, quais sejam: ação, dano e nexo de causalidade.

Quadro 1 – Equação hipotética da responsabilidade civil

Ação + dano + nexo de causalidade = obrigação de reparar

Fonte: Elaborado pelo autor.

Para Maria Helena Diniz, a ação é:

> O elemento constitutivo da responsabilidade, vem a ser o ato humano, comissivo ou omissivo, ilícito ou lícito, voluntário e objetivamente imputável, do próprio agente ou de terceiro, ou o fato de animal ou cosa inanimada, que cause dano a outrem, gerando o dever de satisfazer os direitos do lesado.[11]

Ou seja, para que um agente seja obrigado a reparar, deverá ter praticado uma ação da qual decorra um dano e, a ação e o seu efeito, o dano, devem estar conectados pelo vínculo jurídico denominado nexo causal.

Nesse contexto, sempre que os três elementos estiverem presentes, o resultado da "equação" será positivo e o agente causador do dano deverá indenizar a vítima. Para tanto, faz-se necessário analisar detidamente cada um dos pressupostos da responsabilidade civil. Como bem esclarece Rui Stoco:

> O elemento primário de todo ilícito é a conduta humana e voluntária no mundo exterior.
> Mas a lesão a bem jurídico cuja existência se verificará no plano normativo da culpa, está condicionada à existência, no plano naturalístico da conduta, de uma ação ou omissão que constitui a base do resultado lesivo. Não há responsabilidade civil sem determinado comportamento humano contrário à ordem jurídica. Ação e omissão constituem, por isso mesmo, tal como no crime, o primeiro momento da responsabilidade civil.[12]

Pablo Stolze conceitua a ação como:

> Trata-se, em outras palavras, da conduta humana, positiva ou negativa (omissão), guiada pela vontade do agente, que desemboca no dano ou prejuízo. Assim, em nosso entendimento, até por um imperativo de precedência lógica, cuida-se do primeiro elemento da responsabilidade civil a ser estudado, seguido do dano e do nexo de causalidade.[13]

No que se refere à ação, tem-se como ponto de partida a análise do art. 927 do Código Civil, no qual constam os indicativos necessários à conclusão de que a ação que gera o dano poderá ser lícita ou ilícita. Ainda segundo Stolze:

> O núcleo fundamental da conduta humana é a *voluntariedade*, que resulta exatamente da liberdade de escolha do agente imputável, com discernimento necessário para ter consciência daquilo que faz.[14]

---

[11] DINIZ, 2013, p. 56.
[12] STOCO, 1997, p. 54.
[13] STOLZE, 2017, p. 83.
[14] GAGLIANO, 2015, p. 69.

Isso porque o referido artigo prevê, no seu *caput*, a responsabilidade civil tradicional ou subjetiva, na qual o agente causador do dano pratica um ato ilícito que viola direito e causa dano, sendo o ato ilícito equiparado à culpa.

Sendo assim, segundo a teoria da culpa, quem pratica ato ilícito age com culpa, em *lato sensu* – dolo –, ou em *strictu sensu* – negligência, imprudência ou imperícia. Essa é a hipótese de ação ilícita, fundada no art. 186 do Código Civil.

A ação ilícita, prevista no *caput* do art. 927 do Código Civil, é baseada na teoria da culpa. Venosa define culpa como:

> Em sentido amplo, culpa é a inobservância de um dever que o agente devia conhecer e observar. Não podemos afastar a noção de culpa do conceito de dever.[15]

Sergio Cavalieri acrescenta que culpa é:

> Culpa é a violação de dever objetivo de cuidado, que o agente podia conhecer e observar, ou, como querem outros, a omissão de diligência exigível.[16]

Já a ação lícita tem fundamento no parágrafo único do mesmo art. 927 do Código Civil, que prevê a teoria do risco, nos casos em que o dano é causado por um agente que desenvolve atividade que, por sua própria natureza, é potencialmente periculosa e, portanto, propensa a causar danos. Nesses casos, mesmo que seja o dano causado por força de ação lícita, persistirá a obrigação de indenizar.

Portanto, a ação – primeiro elemento da responsabilidade civil, também pode decorrer de ato lícito – noutras palavras, nos casos nos quais se aplique a teoria do risco, sendo o dano resultante de ação desprovida de culpa, em situações onde o agente não agiu com dolo nem mesmo foi negligente, imprudente ou imperito, persistirá a obrigação de indenizar.

Assim, é fiável a afirmação de que a ação poderá ter fundamento na teoria da culpa, quando pautada em ato ilícito, como também na teoria do risco, quando perpetrada sem dolo, negligência, imprudência ou imperícia, mas, ressalte-se, a atividade do causador do dano for, por sua própria natureza, arriscada.

---

[15] VENOSA, 2012, p. 25.
[16] CAVALIERI, 2012, p. 33.

Ainda com relação à ação, esta poderá ser por comissão, quando o agente efetivamente pratica o ato, mediante uma conduta positiva, ou por omissão, quando se abstém da prática de um ato, em conduta negativa, que, por obrigação, deveria praticar.

Consiste, pois, a ação, em um movimento corpóreo comissivo, um comportamento positivo, como a destruição de uma coisa alheia, a morte ou lesão corporal causada em alguém, e assim por diante. Já a omissão, forma menos comum de comportamento, caracteriza-se pela inatividade, abstenção de alguma conduta devida.

Configurada a prática de uma ação, ultrapassada a barreira do primeiro pressuposto da responsabilidade civil, necessário adentrar no dano, o segundo pressuposto da "equação hipotética" da responsabilidade civil, sugerida nessa obra. É possível afirmar que o dano é o elemento mais importante da responsabilidade civil, porque sem dano ou prejuízo efetivo, não há o que ser reparado, não há situação jurídica a ser recomposta ou restabelecida.

> O dano é o prejuízo ressarcível experimentado pelo lesado, traduzindo-se, se patrimonial, pela diminuição patrimonial sofrida por alguém em razão de ação deflagrada pelo agente, mas pode atingir elementos de cunho pecuniário e moral. O dano pode referir-se a pessoa ou aos bens de terceiro (inclusive de direitos), nos dois sentidos enunciados, patrimonial e moral – e em ambos – mas, especialmente nessa última hipótese, deve ser determinado consoante critério objetivo [...].[17]

Complementa, Venosa, que o dano "[...] consiste no prejuízo sofrido pelo agente. Pode ser individual ou coletivo, moral ou material, ou melhor, econômico e não econômico."[18] E é assim que, de uma ação, decorre um dano efetivo, que poderá atingir a vítima na sua esfera patrimonial, extrapatrimonial, estética e social, conforme será visto em detalhes no tópico específico referente ao dano. Uma vez configurado o segundo elemento da responsabilidade civil, para que haja obrigação de indenizar, é preciso que haja um elo entre a ação e o seu resultado danoso, o chamado nexo de causalidade. Para Orlando Gomes:

> Para o ilícito ser fonte de obrigação de indenizar, é preciso uma relação de causa e efeito entre o fato e o dano. A essa relação chama-se nexo causal.[19]

---

[17] BITTAR, 1982, p. 64.
[18] VENOSA, 2004, p. 33.
[19] GOMES, 1995, p. 273.

O nexo causal funciona justamente como a vinculação entre os dois primeiros elementos. É um vínculo pessoal entre aquele que praticou a ação e a vítima do dano. Determina que o agente indenize a vítima nos danos que ela suportar. É pura relação de causa e efeito. Pode-se dizer que é uma ponte entre a ação e o seu resultado, que vincula o autor da ação e aquele que sofreu o seu resultado, o dano. Marcelo Kokke explica o nexo de causalidade da seguinte forma:

> O nexo de causalidade é o elo entre o dano e a ação ou omissão que o originou. Além do dano e da culpa do agente, a vítima deverá provar que foi esta que produziu aquele. Assim, a sequência da formação da responsabilidade subjetiva é a existência de um dano que foi provocado pela conduta culposa de alguém. O nexo de causalidade revela a causa do dano, identificando o fato que o produziu.[20]

Sílvio Venosa conceitua nexo de causalidade como sendo:

> Nexo etiológico ou relação de causalidade que deriva das leis naturais. É o liame que une a conduta do agente ao dano. É por meio do exame da relação causal que conclui quem foi o acusador do dano. Trata-se de elemento indispensável.[21]

Pablo Stolze aponta a importância do nexo de causalidade da seguinte forma:

> Assim como no Direito Penal, a investigação deste nexo que liga o resultado danoso ao agente infrator é indispensável para que se possa concluir pela responsabilidade jurídica deste último.[22]

Considerando que esse tópico se destina a apresentar comentários iniciais sobre a ação, o dano e o nexo de causalidade, comentários detalhados sobre cada um dos elementos da responsabilidade civil serão realizados doravante, nos itens específicos dedicados a cada um deles.

4. RESPONSABILIDADE CIVIL E RESPONSABILIDADE PENAL

Em que pese o Direito romano não ter construído uma clara diferenciação entre a responsabilidade civil e a penal, já há muito o Direito moderno apontou as razões da evidente distinção, que se dá desde os seus respectivos nascedouros, no que tange seus propósitos e alcances. Para José Acir Lessa Giordani:

---

[20] GOMES, 2010, p. 30.
[21] VENOSA, 2012, p 53.
[22] STOLZE, 2017, p. 94.

Havia a previsão de um comportamento com resultado danoso e a sanção, que, via de regra, consistia na aplicação da Lei de Talião, existindo, contudo, alguns casos de previsão de pagamento de valores fixos para compensar o dano.[23]

Sergio Cavalieri Filho diferencia a responsabilidade civil da responsabilidade penal da seguinte forma:

> Ambos, como já foi dito, importam violação de um dever jurídico, infração da lei. Beling já acentuava que a única diferença entre a ilicitude penal e a cível é somente de quantidade ou de grau; está na maior ou menos gravidade ou imoralidade de uma em cotejo com outra. O ilícito civil é um *minus* ou *residum* em relação ao ilícito penal. Em outras palavras, aquelas condutas humanas mais graves, que atingem bens sociais de maior relevância, são sancionadas pela lei penal, ficando a lei civil a repressão das condutas menos graves.[24]

A relação tutelada pela responsabilidade civil é privada, decorrente da prática de um ato lícito ou ilícito que gera dano. Compete ao lesado buscar a reparação do dano sofrido, por ser o exclusivo interessado no restabelecimento da situação jurídica ao estado anterior ao advento do dano.

A responsabilidade civil em determinadas situações é transferível, como na hipótese de responsabilidade pelo fato de terceiro,[25] e atinge o patrimônio do agente causador do dano, para efeito da reparação integral do dano. É dita, assim, patrimonial.

É possível afirmar que a responsabilidade civil é genérica, porque contempla todos os casos nos quais os seus pressupostos se amoldarem. Havendo ação – fundada na teoria da culpa ou na teoria do risco –, dano e nexo de causalidade, será configurada a obrigação de reparar.

---

23 GIORDANI, 2004, p. 5.

24 CAVALIERI, 2012, p. 15.

25 "Art. 932. São também responsáveis pela reparação civil:

I – os pais, pelos filhos menores que estiverem sob sua autoridade e em sua companhia;

II – o tutor e o curador, pelos pupilos e curatelados, que se acharem nas mesmas condições;

III – o empregador ou comitente, por seus empregados, serviçais e prepostos, no exercício do trabalho que lhes competir, ou em razão dele;

IV – os donos de hotéis, hospedarias, casas ou estabelecimentos onde se albergue por dinheiro, mesmo para fins de educação, pelos seus hóspedes, moradores e educandos;

V – os que gratuitamente houverem participado nos produtos do crime, até a concorrente quantia."

Já a responsabilidade penal interessa à sociedade, sendo pessoal e intransferível, não tendo o condão de atingir o patrimônio do agente, que responderá pessoalmente e com a sua liberdade. Diferentemente da civil, a responsabilidade penal não é genérica, ocorrendo apenas nos casos tipificados em lei. Para Rui Stoco, a responsabilidade penal se define como:

> A responsabilidade penal pressupõe uma turbação social, determinada pela violação da norma penal, sendo necessário que o pensamento exorbite do plano abstrato para o material, pelo menos em começo a execução.[26]

Em que pese ambas as espécies de responsabilidade apresentarem claros pontos de divergência, nada impede que, de um mesmo caso concreto, decorram a responsabilidade civil e a penal, o que pode ser exemplificado a partir do caso concreto de um motorista que guia seu veículo sob o efeito de álcool, violando as normas de trânsito. Como resultado do seu estado ébrio, provoca um sinistro, ao colidir seu veículo com outro, estacionado regularmente na via pública.

Da colisão resultaram danos materiais ao proprietário do veículo estacionado, que deverá reclamar a reparação dos danos amargados. Além disso, o condutor embriagado responderá penalmente perante o Estado, pela prática de ato ilícito devidamente tipificado, que é consumir álcool e guiar veículos.

5. RESPONSABILIDADE CIVIL CONTRATUAL E RESPONSABILIDADE CIVIL EXTRACONTRATUAL

A responsabilidade civil poderá divergir conforme o seu nascedouro, ou seja, de acordo com motivo que lhe deu causa, se foi a quebra de um contrato ou a prática de um ato ilícito. Na qualidade de uma das fontes do direito das obrigações, o descumprimento de um contrato, ou pela mora ou pelo inadimplemento, total ou parcial, poderá gerar a obrigação de reparar, dando ensejo à responsabilidade civil. Para Sergio Cavalieri Filho:

> Se preexiste um vínculo obrigacional, e o dever de indenizar é consequência do inadimplemento, temos a responsabilidade contratual, também chamada de ilícito contratual ou relativo.[27]

Por essa razão que a responsabilidade civil contratual tem seu alicerce no art. 389 do Código Civil, inserido no caderno do direito das obrigações.

> Art. 389. Não cumprida a obrigação, responde o devedor por perdas e danos, mais juros e atualização monetária segundo índices oficiais regularmente estabelecidos, e honorários de advogado.

---

26 STOCO, 2014, p. 179.
27 CAVALIELI FILHO, 2008, p. 15.

Já a responsabilidade civil extracontratual, ou aquiliana, tem seu fundamento na prática de um ato ilícito, contrário ao nosso ordenamento jurídico, que viola direito e causa dano a outrem, conforme estabelecem os arts. 186 e 927 do Código Civil.

> Art. 186. Aquele que, por ação ou omissão voluntária, negligência ou imprudência, violar direito e causar dano a outrem, ainda que exclusivamente moral, comete ato ilícito.
> Art. 927. Aquele que, por ato ilícito (arts. 186 e 187), causar dano a outrem, fica obrigado a repará-lo.
> Parágrafo único. Haverá obrigação de reparar o dano, independentemente de culpa, nos casos especificados em lei, ou quando a atividade normalmente desenvolvida pelo autor do dano implicar, por sua natureza, risco para os direitos de outrem.

Basicamente, a responsabilidade civil contratual diverge da extracontratual na sua origem, de maneira que, na primeira, o nascedouro consiste no descumprimento de um contrato – enquanto fonte do Direito obrigacional –, e, na segunda, na prática de um ato que viole direito e cause dano a outrem.

> Responsabilidade extracontratual ou aquiliana, se resultante do inadimplemento normativo, ou melhor, da prática de um ato ilícito por pessoa capaz ou incapaz (CC, art. 927), visto que não há vínculo anterior entre as partes, por não estarem ligadas por uma relação obrigacional ou contratual. A fonte dessa responsabilidade é a inobservância da lei, ou melhor, é a lesão a um direito, sem que entre o ofensor e ofendido preexista qualquer relação jurídica.[28]

A partir daí, no entanto, segue-se a regra da "equação" da responsabilidade civil, na qual – para que o resultado seja positivo e culmine na obrigação de indenizar, é necessário que os elementos ação, dano e nexo de causalidade estejam presentes.

Pablo Stolze define responsabilidade civil contratual como:

> Se, entre as partes envolvidas, já existia norma jurídica contratual que as vinculava, e o dano decorre justamente do descumprimento de obrigação fixada neste contrato, estaremos diante de uma situação de responsabilidade contratual.[29]

Na responsabilidade civil contratual, a ação comissiva ou omissiva equivale à prática ou abstenção da obrigação contratual adquirida. Ou seja, a mora ou a inadimplência, total ou parcial, equivalem à culpa para efeito da responsabilidade civil contratual. Noutras palavras, a mora ou a inadimplência, total ou parcial, equivalem ao ato ilícito.

---

28 DINIZ, 2015, p. 130.
29 STOLZE, 2017, p. 69.

5.1. PRESSUPOSTOS DA RESPONSABILIDADE CIVIL CONTRATUAL

Enquanto fonte do direito das obrigações, bem como na qualidade de espécie do gênero negócio jurídico, para que dele possa decorrer responsabilidade civil, é preciso que o contrato seja existente, válido e eficaz. Nesse sentido, é preciso recordar os pressupostos de existência, validade e eficácia dos negócios jurídicos.

Para existir, o negócio jurídico demanda uma manifestação de vontade, realizada por um agente, acerca de um objeto, respeitando uma forma.

Uma vez existente, para ser válido, o negócio jurídico deve atender a pressupostos de validade, que funcionam como adjetivos que explicam os pressupostos de existência. A manifestação de vontade deverá ser livre e de boa-fé, o agente deverá ser capaz, o objeto deverá ser idôneo, lícito, determinado ou determinável e a forma deverá ser prescrita ou não defesa em lei.

Existentes e válidos, os negócios jurídicos podem ser sujeitos a elementos acidentais de eficácia, que são: a condição, o termo e o encargo. Quando o negócio jurídico tem a sua eficácia sujeita a um evento futuro e incerto, tem-se uma condição, que poderá ser suspensiva ou resolutiva. Quando o evento futuro é certo, tem-se um termo, que poderá ser inicial ou final.

Na condição suspensiva, um evento futuro e incerto suspende o início da eficácia de um contrato existente e válido. Doutra banda, a condição resolutiva encerra, efetivamente resolvendo, um contrato existente e válido que já tinha eficácia. De acordo com Leonardo Gomes de Aquino:

> As condições resolutivas são aquelas que, enquanto não se verificarem, não trazem qualquer consequência para o negócio jurídico, vigorando o mesmo, cabendo, inclusive, o exercício de direitos dele decorrentes, conforme art. 127, do CC.
> As condições suspensivas podem-se definir como sendo acontecimento futuro e incerto que subordina a aquisição de direitos, deveres e a deflagração de efeitos de um determinado negócio jurídico. Dessa forma, enquanto não se verifica a condição, o negócio é, ainda, pendente. Ocorrendo a condição, tem-se o implemento e se não realizar estamos perante a frustração.[30]

A condição diverge do termo porque nesse o evento futuro é certo, servindo como termo inicial para dar início à eficácia de contrato existente e válido, e o termo final para, a partir de evento futuro determinado, pôr fim a eficácia de contrato existente e válido.

Já nos encargos, a eficácia dos contratos existentes e válidos, são contratadas algumas contraprestações, como ocorre nos contratos de doação

---

30 AQUINO, 2009, p. 5-6.

com encargos, quando o doador estabelece contraprestação ao donatário, como determinando a modalidade de utilização de um bem imóvel doado.

Nessa linha de raciocínio, é possível afirmar que é pressuposto da responsabilidade civil contratual a existência de um contrato válido e eficaz. Também é pressuposto dessa modalidade de responsabilidade civil a inexecução, pela mora ou pela inadimplência, seja ela total ou parcial, da obrigação contratada. Contudo, como é sugerido nessa literatura, para que exista a obrigação de indenizar, é preciso que a "equação" da responsabilidade civil esteja composta, a partir dos seus três pilares, quais sejam: a ação, o dano e o nexo de causalidade.

Isso significa dizer que, além da existência de um contrato válido e eficaz e da inexecução do contrato, também são pressupostos um prejuízo efetivo e a existência de nexo de causalidade entre a ação – inexecução do contrato pela mora ou pela inadimplência, total ou parcial, da obrigação contratada – e o dano sofrido.

Quadro 2 – Pressupostos de existência dos contratos

Pressuposto de existência	Pressuposto de validade	Pressuposto de eficácia			
Manifestação de vontade	Livre e de boa-fé	Condição	Evento futuro e incerto	Suspensiva	Suspende o início da eficácia do contrato
				Resolutiva	Encerra a eficácia de um contrato
Realizada por um agente	Agente capaz	Termo	Evento futuro e certo	Termo inicial	Dá início à eficácia do contrato
				Termo final	Encerra a eficácia de um contrato
Acerca de um objeto	Objeto deverá ser idôneo, lícito, determinado ou determinável	Encargo	Contraprestações estipuladas nos contratos gratuitos		
Respeitando uma forma	Forma deverá ser prescrita ou não defesa em lei.				

Fonte: Elaborado pelo autor.

5.2. EXCLUDENTES DA RESPONSABILIDADE CIVIL CONTRATUAL

Determinadas situações jurídicas são capazes de afastar a obrigação de indenizar, como os excludentes do nexo de causalidade e da ilicitude. Na responsabilidade civil contratual, é preciso acrescentar a possibilidade da contratação de cláusula de não indenizar. Naturalmente, um contrato que não atenda aos requisitos de existência, validade e eficácia dos negócios jurídicos, não dará ensejo à obrigação indenizatória. Pablo Stolze bem define:

> Como causas excludentes de responsabilidade civil devem ser entendidas todas as circunstâncias que, por atacar um dos elementos ou pressupostos gerais da responsabilidade civil, rompendo o nexo causal, terminam por fulminar qualquer pretensão indenizatória.[31]

Como excludentes do nexo de causalidade, tem-se o caso fortuito e de força maior, nos termos do art. 393 do Código Civil, que libera o devedor contratante da responsabilidade pelos prejuízos decorrentes do caso fortuito e de força maior, salvo se por eles não houver se responsabilizado. Para Silvio Rodrigues:

> [...] poder-se-ia dizer que o fato de terceiro, para excluir integralmente a responsabilidade do agente causador do dano, há que se vestir de características semelhantes à do caso fortuito, sendo imprevisível e irresistível. Nessa hipótese, não havendo relação de causalidade, não há responsabilidade pela reparação.[32]

Quanto a isso é preciso se atentar para o caso concreto, simplesmente porque o caso fortuito ou de força maior podem, apenas, protrair o cumprimento da obrigação, hipótese na qual terão apenas o condão de justificar a mora.

> Art. 393. O devedor não responde pelos prejuízos resultantes de caso fortuito ou força maior, se expressamente não se houver por eles responsabilizado. Parágrafo único. O caso fortuito ou de força maior verifica-se no fato necessário, cujos efeitos não era possível evitar ou impedir.

Como modalidade de força maior é possível se destacar o *fato do príncipe*, sendo aquele derivado de determinação do Estado, positiva ou negativa, que se apresenta imprevisível e irresistível e onera substancialmente a obrigação, tornando a sua execução impraticável, diante de uma absoluta impossibilidade jurídica para o cumprimento da obrigação, que foge ao controle do devedor contratante. O cumprimento da obrigação se torna impossível.

O art. 248 do Código Civil é preciso ao afirmar que a impossibilidade no cumprimento da obrigação, sem culpa do devedor, resolve a obrigação.

> Art. 248. Se a prestação do fato tornar-se impossível sem culpa do devedor, resolver-se-á a obrigação; se por culpa dele, responderá por perdas e danos.

Silvio de Salvo Venosa define força maior como sendo:

---

[31] STOLZE, 2017, p. 178.
[32] RODRIGUES, 2003, p. 173.

A força maior seria caracterizada por algo também natural ou humano a que não se poderia resistir, ainda que possível prever sua ocorrência.[33]

Destaque-se que não se deve confundir mera dificuldade com impossibilidade. Apenas o caso concreto poderá indicar se, de fato, tem-se situação de real impossibilidade ou se de mera dificuldade no cumprimento da obrigação avençada.

Vale ressaltar que em relações contratuais paritárias as partes podem contratar que, mesmo diante de situações de caso fortuito e de força maior que, em regra geral, excluem o nexo causal e, consequentemente, a obrigação de indenizar, a obrigação indenizatória seja mantida em caso de dano. Tal conclusão advém da redação da parte final do art. 393 do Código Civil.

> Art. 393. O devedor não responde pelos prejuízos resultantes de caso fortuito ou força maior, se expressamente não se houver por eles responsabilizado.
> Parágrafo único. O caso fortuito ou de força maior verifica-se no fato necessário, cujos efeitos não era possível evitar ou impedir.

Segundo Pablo Stolze:

> O fato de que o caso fortuito e a força maior, como excludentes de responsabilidade, atacam justamente o nexo causal do dano perpetrado e não necessariamente o elemento acidental culpa, embora o elemento anímico também seja alvejado com a sua ocorrência.[34]

Portanto, caso conste do contrato expressa disposição no sentido de que, mesmo diante de situação de caso fortuito ou de força maior, o devedor continuará obrigado à prestação avençada, tais eventos não afastarão o nexo causal.

Por fim, no que tange à isenção de responsabilidade em decorrência de culpa exclusiva da vítima, esclarece José de Aguiar Dias:

> Admite-se como causa de isenção de responsabilidade o que se chama de culpa exclusiva da vítima. Com isso, na realidade, se alude a ato ou fato exclusivo da vítima, pela qual fica eliminada a causalidade em relação ao terceiro interveniente no ato danoso. É fácil de ver a vantagem que resulta de tal concepção, mais ampla que a da simples culpa, mediante um simples exemplo. Não responde, decerto, uma empresa de carris urbanos, pela morte do indivíduo que se atira voluntariamente sob um bonde.[35]

---

[33] VENOSA, 2012. p. 56.

[34] STOLZE, 2017, p. 195

[35] Na jurisprudência do STJ, tem-se exigido que o réu demonstre suficientemente essa causa, para efeito de se eximir da obrigação de indenizar, consoante se lê no acórdão da lavra do Min. José Delgado, a seguir transcrito (REsp 439408/SP, DJ, 21-10-2002): "Direito civil. Ação de reparação de danos. Responsabilidade civil. Indenização.

Silvio de Salvo Venosa se posiciona sobre culpa exclusiva da vítima da seguinte forma:

> Apontamos que a culpa exclusiva da vítima elide o dever de indenizar, porque impede o nexo causal. A hipótese não consta expressamente do Código Civil de 1916, mas a doutrina e a jurisprudência, em consonância com a legislação extravagante, consolidaram essa excludente de responsabilidade. Vimos que o Código em vigor menciona a culpa concorrente no art. 945. Com culpa exclusiva da vítima, desaparece a relação de causa e efeito entre o dano e seu causador.[36]

5.3. MORA E INADIMPLEMENTO

O deslinde natural da obrigação é o pagamento. Mas, o devedor poderá adimplir a prestação com atraso, ou simplesmente não a cumprir. O art. 394 do Código Civil trata dessas situações como mora, no caso de atraso – também chamada de inadimplemento relativo ou inadimplemento-mora –, ou como inadimplemento absoluto, quando a prestação não é cumprida na sua totalidade.

Acidente automobilístico. Ausência de grades de proteção no local. Demonstração de relação de causa e efeito entre a omissão e as mortes. 1. Recurso especial interposto contra v. Acórdão que julgou improcedente ação ordinária de reparação de danos em face da Prefeitura Municipal de São Paulo, objetivando a indenização pelo falecimento dos pais dos recorrentes, ao argumento de que os mesmos vieram a falecer em razão de acidente automobilístico ocorrido na Marginal do Tietê, pois no local do acidente não existiam grades de proteção, o que impediria a queda do veículo. 2. Para que se configure a responsabilidade objetiva do ente público, basta a prova da omissão e do fato danoso e que deste resulte o dano material ou moral. 3. O exame dos autos revela que está amplamente demonstrado que o acidente ocorreu e que o evento morte dele decorreu e que a estrada não tinha grade de proteção. 4. A ré só ficaria isenta da responsabilidade civil se demonstrasse – o que não foi feito – que o fato danoso aconteceu por culpa exclusiva da vítima. 5. A imputação de culpa está lastreada na omissão da ré no seu dever de, em se tratando de via pública, zelar pela segurança do trânsito e pela prevenção de acidentes (arts. 34, parágrafo 2.º, do Código Nacional de Trânsito, e 66, parágrafo único, do Decreto n. 62.127/68). 6. Jurisdição sobre a referida marginal de competência da ré, incumbindo a ela a sua manutenção e sinalização, advertindo os motoristas dos perigos e dos obstáculos que se apresentam. A falta no cumprimento desse dever caracteriza a conduta negligente da Administração Pública e a torna responsável (art. 66, parágrafo único, do Decreto n. 62.127/68) pelos danos que dessa omissão decorrerem. 7. Estabelecido assim o nexo causal entre a conduta omissiva e o falecimento dos pais do recorrente, responde a ré pela reparação dos prejuízos daí decorrentes, no caso, os danos patrimoniais pela cessação da fonte de sustento dos menores. 8. Recurso provido." Cf.: AGUIAR DIAS, 1994, p. 693.

36 VENOSA, 2012, p. 55.

Em maior detalhe, a mora é a demora intencional – culposa – no cumprimento da obrigação, tanto no sentido de pagar, quanto no sentido de receber o que é devido. No entanto, só será caracterizada a mora se ainda for possível cumprir com a obrigação.

Essa é a distinção para o inadimplemento absoluto. O devedor apenas estará em mora diante da possibilidade de cumprimento. Tornando-se impossível, tem-se o inadimplemento. De acordo com Silvio de Salvo Venosa:

> A mora é o retardamento "culposo" no cumprimento da obrigação, quando se trata de mora do devedor. Na mora "*solvendi*" a culpa é essencial. A mora do credor, "*accipiendi*", é simples ato ou fato e independe de culpa.[37]

Ou seja, tendo a coisa perecido, tornando-se inútil ao credor, não pretendendo o devedor cumprir com a obrigação ou o credor não mais pretendendo recebê-la, caracteriza-se o inadimplemento. A mora é ligada à possibilidade. O inadimplemento, à impossibilidade.

Para Agostinho Alvim:

> [...] o inadimplemento absoluto ocorre quando a obrigação não foi cumprida e nem poderá ser no futuro, mais precisamente, quando não mais subsiste para o credor a possibilidade de receber, e a mora se dá no lugar, no tempo ou na forma convencionados, substituindo, entretanto, a possibilidade de cumprimento.[38]

Persistindo a possibilidade ao devedor e a utilidade ao credor, há mora. Em que pese possível, se a prestação for inútil ao credor, há inadimplemento, conforme o art. 395 do Código Civil.

> Art. 395. Responde, o devedor pelos prejuízos a que sua mora der causa, mais juros, atualização dos valores monetários segundo índices oficiais regularmente estabelecidos, e honorários de advogado.
> Parágrafo único. Se a prestação, devido à mora, se tornar inútil ao credor, este poderá enjeitá-la, e exigir a satisfação das perdas e danos.

Da assertiva acima se extrai o conceito de inadimplemento útil ou substancial, extremamente interessante e derivado do princípio da boa-fé objetiva, que veda ao credor redibir a prestação, ainda que atrasada, se lhe for útil. Nesses casos, o credor deverá aceitar a prestação, sendo-lhe, nada obstante disso, facultado pleitear, em face do devedor, perdas e danos. O inadimplemento útil ou substancial é aquele que em muito se aproxima do adimplemento. É a mora que não retira a utilidade da prestação.

---

[37] VENOSA, 2004, p. 243.
[38] ALVIM, 1980, p. 7; VENOSA, 2012, p. 55.

Também, o inadimplemento poderá ser total ou parcial. No primeiro, nada da prestação contratada foi adimplido. No segundo, uma parcela foi adimplida. Novamente, é necessário recorrer ao critério da utilidade. Se a parcela adimplida não retirar a utilidade da prestação ao credor, tem-se o inadimplemento parcial. Caso o adimplemento parcial retire a utilidade da prestação ao credor, tem-se o inadimplemento absoluto.

Conforme Inocêncio Galvão Telles:

> Pode acontecer que, não realizando o devedor a prestação no momento devido, ela ainda continue materialmente possível mas perca interesse para o credor. A prestação, conquanto fisicamente realizável, deixou de ter oportunidade. Juridicamente, não existe então simples atraso, mas verdadeira inexecução definitiva. Prestação que já não interessa ao credor em consequência do atraso vale para o direito como prestação tornada impossível.[39]

No entanto, por influência da nova teoria geral dos contratos, é necessário considerar que, além das prestações principais, que efetivamente figuram como objeto nas relações contratuais, operam os chamados deveres secundários, todos decorrentes do princípio da boa-fé objetiva, e que se materializam como deveres de "bom comportamento", como a informação, a transparência, a cooperação, o respeito e a lealdade.

A violação dos deveres secundários representa a chamada *violação positiva do contrato,* que – segundo a doutrina mais autorizada, estaria no limbo entre a mora e o inadimplemento total.

No que se refere à mora, destaca-se que pode ser tanto do devedor quanto do credor. Quando do devedor, também chamada de *solvendi* ou *debitoris*, refere-se ao atraso do devedor na entrega da prestação na forma, tempo e lugar determinados. O elemento subjetivo – culpa – é fundamental. Existirá mora enquanto houver possibilidade – para o devedor – e utilidade – para o credor – na prestação.

Quando do credor, também chamada de *accipiendi* ou *creditoris*, caracteriza-se pela recusa injusta de receber/aceitar a prestação conforme contratada, ou seja, no tempo, lugar e forma devidos. O elemento subjetivo é dispensado na mora do credor.

> Art. 399. O devedor em mora responde pela impossibilidade da prestação, embora essa impossibilidade resulte de caso fortuito ou de força maior, se estes ocorrerem durante o atraso; salvo se provar isenção de culpa, ou que o dano sobreviria ainda quando a obrigação fosse oportunamente desempenhada.

---

39 TELLES, 1982, p. 235.

Ainda, à caracterização da mora, poderá ou não ser preciso notificar ou citar o devedor. Isso porque existe a mora *ex re*, onde a fonte da obrigação já indica o termo certo para adimplemento da prestação. Nesse caso, mesmo sem notificação, de pleno direito, o devedor estará em mora, ultrapassado o termo certo estipulado.

Mas, não havendo a indicação do termo certo para adimplemento da prestação, será preciso constituir o devedor em mora, através de uma notificação, sendo essa modalidade de mora *ex persona*.

> Art. 397. O inadimplemento da obrigação, positiva e líquida, no seu termo, constitui de pleno direito em mora o devedor.
> Parágrafo único. Não havendo termo, a mora se constitui mediante interpelação judicial ou extrajudicial.

Quadro 3 – Mora

Do devedor	*solvendi* ou *debitoris*	Ex re	Não é preciso constituir o devedor em mora
		Ex persona	É preciso constituir o devedor em mora
Do credor	*accipiendi* ou *creditoris*		

Fonte: Elaborado pelo autor.

5.4. JUROS DE MORA

Os juros de mora funcionam como uma indenização pelo atraso no adimplemento da prestação. Essa indenização não depende da prova do dano. Apenas a mora precisa ser demonstrada.

Tendo a função de indenizar o lesado pelo atraso no recebimento da obrigação, os juros podem ser moratórios, funcionando como uma compensação ao credor pelo retardamento no retorno no seu capital ou da obrigação propriamente contratada. Tal modalidade de juros necessariamente deve ser convencionada pelas partes. Para Christian Sahb Batista Lopes:

> Por outro lado, juros moratórios são devidos pela demora do devedor a adimplir obrigação exigível. Portanto, se não houver pagamento no termo ajustado pelas partes, por razão imputável ao devedor, serão devidos os juros de mora como forma de compensar o credor pela demora, independentemente de comprovação de prejuízo.[40]

Segundo Carlos Roberto Gonçalves, a respeito de juros moratórios:

---

[40] LOPES, 2014.

Juros moratórios, como já dito, são os incidentes em caso de retardamento na restituição de capital alheio ou de descumprimento da obrigação e devem ser previstos no contrato, estipulados pelos contratantes. Constituem uma compensação conferida ao credor pelo risco que corre com o empréstimo de seu capital. Essa compensação é fruto de convenção entre as partes.[41]

Por outro lado, os juros compensatórios tem o desiderato de ressarcir o credor os prejuízos que amargou pela indevida privação do seu patrimônio, em razão da mora do devedor. Tem, portanto, caráter indenizatório:

> Os juros compensatórios, por sua vez, visam ressarcir as perdas e danos decorrentes dos lucros cessantes que o credor experimentou, em razão da indevida privação de seu capital.[42]

Já Paulo Lôbo, define juros moratórios e compensatórios da seguinte forma:

> Os juros são de duas espécies: compensatórios e moratórios. São compensatórios os devidos desde o início da dívida e moratórios os decorrentes do inadimplemento da obrigação. Os juros compensatórios ou remuneratórios, quando convencionados e não proibidos por lei, constituem rendimento do crédito que o credor tem contra o devedor, em qualquer relação jurídica obrigacional. Os juros moratórios constituem pena pelo atraso. A natureza de pena dos juros moratórios é claramente explicitada no Código Civil, quando diz que, "ainda que se não alegue prejuízo, é obrigado o devedor aos juros de mora" (art.407); ou seja, os juros de mora não se incluem nem se confundem com a indenização por perdas e danos.[43]

Para Pablo Stolze, a respeito de juros moratórios e compensatórios:

> Em linhas gerais, os juros fixados, legais (determinados por lei) ou convencionais (fixados pelas próprias partes), subdividem-se em: a) compensatórios; b) moratórios. Os primeiros objetivam remunerar o credor pelo simples fato de haver desfalcado o seu patrimônio, concedendo o numerário solicitado pelo devedor. Os segundos, por sua vez, traduzem uma indenização devida ao credor por força do retardamento culposo no cumprimento da obrigação.[44]

Nas obrigações contratuais, para efeito do início da contabilização dos juros, tem-se: na mora *ex re*, a data do vencimento da obrigação; na mora *ex persona*, os juros serão contabilizados a partir da interpelação do credor, seja ela judicial ou extrajudicial, ou da citação do devedor.

---

41 GONÇALVES, 2017, p. 473.
42 GONÇALVES, 2017, p. 473.
43 LÔBO, 2019, p. 278.
44 GAGLIANO, 2017, p. 421.

Art. 389. Não cumprida a obrigação, responde o devedor por perdas e danos, mais juros e atualização monetária segunda índices oficiais regulamente estabelecidos, e honorários de advogado.

O Quadro 4 a seguir sintetiza a diferença básica entre os juros moratórios e os juros compensatórios, visando o primeiro indenizar o lesado pela demora no recebimento da prestação e o segundo remunerar o seu desfalque patrimonial.

Quadro 4 – Juros

Moratórios	Indenização devida ao credor pela demora culposa no cumprimento da obrigação
Compensatórios	Remunerar devida ao credor pelo desfalque do seu patrimônio

Fonte: Elaborado pelo autor.

5.5. CLÁUSULA PENAL

É muito comum que os contratantes estipulem uma consequência prática, quase sempre pecuniária, pelo descumprimento do que foi avençado. Ou seja, de maneira assessória à obrigação contratada, as partes contratantes igualmente estipulam a consequência em caso de descumprimento da obrigação principal, ou pela mora ou pelo inadimplemento total ou parcial. É a chamada cláusula penal – ou pena convencional ou multa contratual –, traduzida numa obrigação, que pode ser pecuniária ou não.

Art. 408. Incorre de pleno direito o devedor na cláusula penal, desde que, culposamente, deixe de cumprir a obrigação ou se constitua em mora.

O propósito da cláusula penal é o de incentivar o cumprimento da obrigação principal. Ou seja, visam os contratantes o natural deslinde do contrato, que é o adimplemento. Mas, em caso contrário – de mora ou inadimplência por culpa do devedor –, estará o credor autorizado a exigir a aplicação do teor da cláusula penal convencionada, sem prejuízo das perdas e danos havidos em razão do descumprimento contratual. Maria Helena Diniz define a cláusula penal:

Constitui uma estipulação acessória, pela qual uma pessoa, a fim de reforçar o cumprimento da obrigação, se compromete a satisfazer certa prestação indenizatória, seja ela uma prestação em dinheiro ou de outra natureza, como a entrega de um objeto, a realização de um serviço ou a abstenção de um fato, se não cumprir ou fizer tardia ou irregularmente, fixando o valor das perdas e danos devidos à parte inocente em caso de inexecução contratual.[45]

---

45 DINIZ, 2006, p. 435.

Em complementação ao parágrafo anterior, pode-se afirmar que a cláusula penal tem o propósito compensatório, quando visa o ressarcimento do credor dos prejuízos decorrentes da inadimplência – cláusula penal compensatória –, ou ter o propósito de ressarcir os prejuízos decorrentes da demora no cumprimento da obrigação – cláusula penal moratória.

> Art. 409. A cláusula penal estipulada conjuntamente com a obrigação, ou em ato posterior, pode referir-se à inexecução completa da obrigação, à de alguma cláusula especial ou simplesmente à mora.

A cláusula penal poderá ser contratada no mesmo instrumento que formaliza a obrigação principal, ou mesmo através de outro instrumento posterior. Também, é possível estipular a abrangência da cláusula penal, indicando se terá lugar em caso de mora ou de inadimplemento, total ou parcial, ou mesmo restringir a sua aplicação a determinadas obrigações principais ajustadas nas cláusulas do contrato.

Quanto a isso, é necessário atentar para as consequências atreladas à abrangência da cláusula penal. Se contratada para o caso de inadimplemento total do devedor, terá o credor apenas a possibilidade de exigir a penalidade estipulada. Mas, quando contratada para casos de mora, ou ainda quando vinculada a determinada obrigação no bojo do contrato, será facultado ao credor exigir a penalidade cumulativamente à obrigação principal.

> Art. 410. Quando se estipular a cláusula penal para o caso de total inadimplemento da obrigação, esta converter-se-á em alternativa a benefício do credor.

Importa frisar que existe um limitador à cláusula penal, que é o valor da obrigação principal. Dessa maneira, a penalidade imposta ao devedor moroso ou inadimplente não poderá ultrapassar o montante da obrigação principal. No entanto, a pena poderá ser reduzida pelo juiz, equitativamente, em caso de cumprimento parcial da obrigação principal ou quando se demonstrar excessiva, em análise casuística da natureza do negócio contratado.

> Art. 412. O valor da cominação imposta na cláusula penal não pode exceder o da obrigação principal.
> Art. 413. A penalidade deve ser reduzida equitativamente pelo juiz se a obrigação principal tiver sido cumprida em parte, ou se o montante da penalidade for manifestamente excessivo, tendo-se em vista a natureza e a finalidade do negócio.

Detalhe de suma importância se refere à possibilidade de cumulação da cláusula penal com perdas e danos. Para se exigir a cláusula penal basta a mora ou a inadimplência do devedor, nos termos avençados, não sendo necessária a demonstração do dano. Mas, para o credor pleitear perdas e danos, é preciso que tal possibilidade esteja expressamente prevista no contrato.

> Art. 416. Para exigir a pena convencional, não é necessário que o credor alegue prejuízo.
> Parágrafo único. Ainda que o prejuízo exceda ao previsto na cláusula penal, não pode o credor exigir indenização suplementar se assim não foi convencionado. Se o tiver sido, a pena vale como mínimo da indenização, competindo ao credor provar o prejuízo excedente.

Portanto, mesmo que o prejuízo exceda o valor da cláusula penal, se não estiver previsto no contrato, o credor não poderá pleitear perdas e danos. No caso de disposição expressa da possibilidade de a cláusula penal ser cumulada com perdas e danos, será o montante da cláusula penal compensado com a indenização, devendo o credor demonstrar o prejuízo excedente.

Quadro 5 – Cláusula Penal

Conceito	Estipulação acessória que visa reforçar o cumprimento da obrigação, também chamada de pena convencional ou multa contratual
Objetivo	Incentivar o cumprimento da obrigação principal
Forma	Poderá ser contratada no mesmo instrumento que formaliza a obrigação principal ou através de outro instrumento posterior
Abrangência	Se contratada para o caso de inadimplemento total do devedor, terá o credor apenas a possibilidade de exigir a penalidade estipulada. Mas, quando contratada para casos de mora, ou ainda quando vinculada a determinada obrigação no bojo do contrato, será facultado ao credor exigir a penalidade cumulativamente à obrigação principal
Limite	Valor da obrigação principal
Cumulação com perdas e danos	Para se exigir a cláusula penal basta a mora ou a inadimplência do devedor, nos termos avençados, não sendo necessária a demonstração do dano. Mas, para o credor pleitear perdas e danos, é preciso que tal possibilidade esteja expressamente prevista no contrato.

Fonte: Elaborado pelo autor.

5.6. CLÁUSULA DE NÃO INDENIZAR

Em determinadas relações contratuais é facultado às partes a contratação de uma cláusula de não indenizar. Ou seja, as partes convencionam que, havendo o descumprimento do contrato, ou pela mora ou pelo inadimplemento, o devedor não deverá indenizar o credor.

Segundo Pablo Stolze:

Essa cláusula só deve ser admitida quando as partes envolvidas guardarem entre si uma relação de igualdade, de forma que a exclusão do direito à reparação não traduza renúncia da parte economicamente mais fraca.[46]

Silvio de Salvo Venosa define a cláusula de não indenizar como sendo:

> Essa questão diz respeito precipuamente à esfera contratual. Trata-se da cláusula pela qual uma das partes contratantes declara que não será responsável por danos emergentes do contrato, seu inadimplemento total ou parcial. Essa cláusula tem por função alterar o sistema de riscos no contrato. Trata-se da exoneração convencional do dever de reparar o dano. Nessa situação, os riscos são contratualmente transferidos para a vítima.[47]

A princípio, a cláusula de não indenizar não faz o menor sentido. Ora, se o contrato serve para constituir obrigações, qual seria o propósito de uma cláusula que estabelece a ausência de consequência pelo descumprimento da obrigação contratada?

Para responder esse questionamento é necessário relembrar parte da classificação dos contratos que os distingue entre contratos comutativos e aleatórios. Nos primeiros, existe previsibilidade, de maneira que as partes previamente sabem quais serão os seus direitos e obrigações. Já nos segundos, existe certo grau de risco ou de imprevisibilidade para uma parte ou para ambas. Nesse cenário, é natural que se contrate uma cláusula que preveja que – tendo as partes enviado os seus melhores esforços e agido de boa-fé, caso o objeto contratado não se realize, não serão devidas penalidades recíprocas. Ou seja, a cláusula de não indenizar não visa proteger o devedor que atua com má-fé. Por outro lado, afasta a obrigação assessória de multa àqueles que não cumpriram com a obrigação principal contratada, muitas vezes pelo alto nível de dificuldade, incerteza ou imprevisibilidade envolvidas na consecução do contrato.

Destaque-se que a cláusula de não indenizar é amplamente considerada como excludente de responsabilidade e, pelas suas próprias características, tem a sua aplicação resumida. Por exemplo, não cabe a sua contratação nos contratos que regulam relações de consumo, conforme arts. 25 e 51, I, do Código de Defesa do Consumidor (Lei 8.078/1990):

> Art. 25. É vedada a estipulação contratual de cláusula que impossibilite, exonere ou atenue a obrigação de indenizar prevista nesta e nas seções anteriores.
> [...]

---

[46] GAGLIANO, 2011, p. 163.
[47] VENOSA, 2012, p. 69.

> Art. 51. São nulas de pleno direito, entre outras, as cláusulas contratuais relativas ao fornecimento de produtos e serviços que: I – impossibilitem, exonerem ou atenuem a responsabilidade do fornecedor por vícios de qualquer natureza, dos produtos e serviços ou impliquem renúncia ou disposição de direitos. Nas relações de consumo entre o fornecedor e o consumidor pessoa jurídica, a indenização poderá ser limitada, em situações justificáveis

Da mesma forma, nos contratos de adesão, é vedada a contratação da cláusula de não indenizar, nos termos do art. 424 do Código Civil.

> Art. 424. Nos contratos de adesão, são nulas as cláusulas que estipulem a renúncia antecipada do aderente a direito resultante da natureza do negócio.

Igualmente, pode-se mencionar o contrato de transporte como hipótese de modalidade contratual na qual a cláusula de não indenizar não poderá ser avençada, seguindo a regra do art. 734 do Código Civil e da Súmula 161 do Supremo Tribunal Federal.

> Art. 734. O transportador responde pelos danos causados às pessoas transportadas e suas bagagens, salvo motivo de força maior, sendo nula qualquer cláusula excludente da responsabilidade.
> Súmula 161, do STF: Em contrato de transporte, é inoperante a cláusula de não indenizar.

Também é vedada a contratação da cláusula de não indenizar nos contratos de guarda em geral, em que a segurança é buscada pelo contratante, conforme entendimento jurisprudencial.[48] Além disso, a

---

[48] "DIREITO CIVIL. PENHOR. DANOS MORAIS E MATERIAIS. ROUBO/FUTRO DE JÓIAS EMPENHADAS. CONTRATO DE SEGURO. DIREITO DO CONSUMIDOR. LIMITAÇÃO DA RESPONSABILIDADE DO FORNECDEOR. CLÁUSULA ABUSIVA. AUSÊNCIA DE INDÍCIO DE FRAUDE POR PARTE DA DEPOSITENTE.

I – O contrato de penhor traz embutido o de depósito do bem e, por conseguinte, a obrigação acessória do credor pignoratício de devolver esse bem após o pagamento do mútuo;

II – Nos termos do artigo 51, I, da Lei 8.078/90, são abusivas e, portanto, nulas, as cláusulas que de alguma forma exonerem ou atenuem a responsabilidade do fornecedor por vícios no fornecimento do produto ou do serviço, mesmo que o consumidor as tenha pactuado livre e conscientemente.

III – Inexiste o menor indício de alegação de fraude ou abusividade de valores por parte da depositante, reconhece-se o dever de ressarcimento integral pelos prejuízos morais e materiais experimentados pela falha na prestação do serviço.

IV – Na hipótese dos autos, em que o credor pignoratício é um banco e o bem ficou depositado em cofre desse mesmo banco, não é possível admitir o furto ou o roubo como causas excludentes do dever de indenizar. Há de se levar em conta a natureza específica da empresa explorada pela instituição financeira, de modo a considerar

cláusula de não indenizar apenas se aplica aos casos de responsabilidade civil contratual, especificamente aos danos de ordem patrimonial, excluindo-se os danos morais, que envolvem lesões a direitos da personalidade, considerados irrenunciáveis pelo art. 11 do Código Civil.

> Art. 11. Com exceção dos casos previstos em lei, os direitos da personalidade são intransmissíveis e irrenunciáveis, não podendo o seu exercício sofrer limitação voluntária.

Na responsabilidade civil extracontratual, ou aquiliana, naturalmente, exclui-se a aplicação da cláusula penal.

5.7. RESPONSABILIDADE CIVIL PRÉ CONTRATUAL, CONTRATUAL E PÓS CONTRATUAL

A responsabilidade civil contratual se subdivide em três fases ou momentos. Isso significa dizer que mesmo na fase pré-contratual, quando, então, a contraposição de vontades sequer existe, bem como na fase pós-contratual, momento no qual o contrato deixou de existir, pode-se falar em responsabilidade civil. Para Antônio Chaves:

> [...] há responsabilidade pré-contratual quando ocorre a ruptura arbitrária e intempestiva das negociações contrariando o consentimento dado na sua elaboração, de tal modo que a outra parte se soubesse que ocorria o risco de uma retirada repentina, não teria tomado as medidas que adotou.[49]

Rui Stoco aborda responsabilidade pré-contratual como:

> A responsabilidade pré-contratual não decorre do fato de a tentativa ter sido rompida e o contrato não ter sido concluído, mas o fato de uma das partes ter gerado à outra, além da expectativa legítima de que o contrato seria concluído, efetivo prejuízo material.[50]

Inicialmente, tal assertiva pode parecer estranha. Ora, como se falar em responsabilidade civil decorrente de um contrato quando ele sequer ainda existe ou mesmo quando deixou de existir? Fato é que o Direito Civil passou a ser sobremaneira influenciado pelo princípio

---

esse tipo de evento, como um fortuito interno, inerente à própria atividade, incapaz de afastar, portanto, a responsabilidade do depositário. Recurso Especial Provido. STJ, REsp 1133111/PR, Rel. Min. Sidnei Beneti, Terceira Turma, j. 06.10.2009, DJe 05.11.2009."

49 CHAVES, 1997, p. 208.
50 STOCO, 2014, p 265.

da boa-fé objetiva[51] que, nas relações contratuais, funciona como uma cláusula assessória e vinculante.

Nesse contexto, as partes devem guardar tanto nas tratativas prévias, quanto na consecução e, também, no momento posterior à existência do contrato, a boa-fé objetiva, significando agir, por exemplo, com transparência, equilíbrio, cooperação, sem pretender lograr benefício às custas do prejuízo da contraparte.

Nada obstante, para que se configure a responsabilidade civil pré-contratual é preciso que uma das partes atue com ardil no propósito de prejudicar a parte contrária. Ou seja, a simples frustração das tratativas, de *per se*, não dará ensejo à obrigação indenizatória, desde

---

[51] Pelo ângulo da boa-fé objetiva e da própria função social dos contratos, que devem nortear o comportamento das partes ao longo da sua execução, o princípio da boa-fé é um dos mais importantes preceitos jurídicos do ordenamento. Longe de se restringir puramente ao direito civil abrange a conduta humana em todas as suas vertentes, espraiando-se até mesmo e principalmente para a seara do direito público, impondo deveres ao administrador e aos administrados (v. Lei 9.784/99). A boa-fé enquanto princípio norteador dos contratos, muito antes de se fazer presente na legislação civil vigente (v.g. CC/2002 e CDC) já constava no artigo 131 do Código Comercial como regra de interpretação contratual. No vigente Código Civil, a boa-fé é citada em dispositivos diversos. Contudo, os artigos 113, 187 e 422 merecem destaque, uma vez que o Código os menciona em caráter genérico, de modo que essas regras informam toda a hermenêutica civil. O artigo 113 se destina à interpretação dos negócios. O artigo 187, por sua vez, impõe a boa-fé como uma prática a ser adotada no exercício dos direitos em geral. Por fim, o artigo 422 é muito abrangente, na medida em que determina que, a boa-fé deve ser preservada tanto na "conclusão do contrato" como na sua "execução". Na verdade, a abrangência do princípio da boa-fé é tamanha que, apesar de o artigo 422 do Código Civil tratar expressamente apenas a respeito da "conclusão" e "execução", deve se protrair também para a fase posterior à execução do contrato. Sob a ótica constitucional, a boa-fé está ligada a quatro regras norteadoras da atividade econômica, a saber, a dignidade da pessoa humana (CF, art. 1º, III), o valor social da livre iniciativa (CF, art. 1º, IV), a solidariedade social (CF, art. 3º, I) e a igualdade substancial (CF, art. 3º, III), todos vinculados diretamente à dicção do artigo 170 da Carta Magna. A noção de boa-fé, por sua vez, subdivide-se em *subjetiva* e *objetiva*. A boa-fé subjetiva está ligada ao estado de ânimo do agente na prática de um ato jurídico. A boa-fé objetiva, por sua vez, refere-se à ideia de regra de comportamento a ser seguida. Por sua vez, quanto à função criativa de deveres jurídicos, a boa-fé objetiva impõe aos contratantes deveres laterais (também chamados de acessórios ou secundários) com relação à avença. De todo modo, percebe-se que a lista de deveres impostos pela boa-fé objetiva é impossível de ser exaurida, uma vez que a sua existência em hipóteses concretas dependerá das características do vínculo contratual, dentre essas o tipo de avença, a condição econômica das partes, etc.

que as partes tenham atuado com transparência e sinceridade no desenrolar das negociações prévias à celebração do contrato.

O que o instituto da responsabilidade civil pretende tutelar é o comportamento malicioso de uma das partes nas negociações anteriores à celebração do contrato gerando benefício indevido à uma das partes e prejuízo à outra, que, agindo de boa-fé, criou expectativa na contratação e chegou, algumas vezes, a fazer investimentos.

Já a responsabilidade civil contratual durante a execução do contrato decorrerá da inexecução do contrato pela mora ou pela inadimplência, total ou parcial, da obrigação contratada. Responderá a parte devedora que descumprir a obrigação contraída por não a cumprir no prazo ajustado, ou, por simplesmente não a cumprir, total ou parcialmente o avençado.

Identificada a mora ou o inadimplemento, a parte devedora responderá à luz do que foi contratado a título de cláusula penal, bem como pelas perdas e danos causados à parte contrária, danos esses a serem verificados no caso concreto.

Quanto a responsabilidade civil pós-contratual, tem-se que se refere às obrigações que guardam os contratantes após encerrada a avença e que se perpetuam mesmo após o encerramento do vínculo.

Geralmente, tais obrigações são de confidencialidade, de não-concorrência, de respeito a limites geográficos. Muito comum em determinados contratos de trabalho constar cláusulas com obrigações como de confidencialidade ou de não-concorrência. Havendo o desrespeito a tais cláusulas, opera-se a responsabilidade civil pós-contratual.[52] Maria Helena Diniz, ao discorrer sobre a abrangência do princípio da boa-fé objetiva no transcurso das fases contratuais esclarece que:

> [...] os contratantes são obrigados a guardar, tanto nas negociações preliminares e conclusão do contrato como na sua execução e fase pós contratual, os princípios de probidade e da boa-fé e tudo mais que resultar da natureza do contrato, da lei, dos usos e das exigências da razão e da equidade.[53]

---

[52] Enunciado 25 da I Jornada de Direito Civil:

O art. 422 do Código Civil não inviabiliza a aplicação pelo julgador do princípio da boa-fé nas fases pré-contratual e pós-contratual.

Enunciado 170 da III Jornada de Direito Civil:

A boa-fé objetiva deve ser observada pelas partes na fase de negociações preliminares e após a execução do contrato, quando tal exigência decorrer da natureza do contrato.

[53] DINIZ, 2016, p. 53.

Um bom exemplo de responsabilidade civil pós-contratual é do executivo que se desliga de uma empresa e não pode divulgar para a concorrência segredos comerciais e estratégias empresariais as quais teve acesso ao longo do tempo em que fazia parte da empresa da qual se desligou.

Quadro 6 – Responsabilidade civil pré, contratual e pós contratual

Responsabilidade civil pré contratual	Decorre do princípio da boa-fé objetiva. As partes devem agir com boa-fé objetiva mesmo nas tratativas realizadas antes de celebração do contrato
Responsabilidade civil contratual	Descumprimento de uma obrigação contratual. Art. 389 do Código Civil
Responsabilidade civil pós contratual	Decorre do princípio da boa-fé objetiva. Geralmente ligada aos deveres de confidencialidade e de não concorrência

Fonte: Elaborado pelo autor.

6. RESPONSABILIDADE CIVIL SUBJETIVA E RESPONSABILIDADE CIVIL OBJETIVA

A responsabilidade civil subjetiva também é chamada de responsabilidade tradicional, sendo aquela fundada na teoria da culpa, estabelecida no *caput* do art. 927 do Código Civil.

> Art. 927. Aquele que, por ato ilícito (arts. 186 e 187), causar dano a outrem, fica obrigado a repará-lo.
> Parágrafo único. Haverá obrigação de reparar o dano, independentemente de culpa, nos casos especificados em lei, ou quando a atividade normalmente desenvolvida pelo autor do dano implicar, por sua natureza, risco para os direitos de outrem.

Pablo Stolze acrescenta a respeito de culpa subjetiva:

> A noção básica da responsabilidade civil, dentro da doutrina subjetiva, é o princípio segundo o qual cada um responde pela própria culpa — unuscuique sua culpa nocet. Por se caracterizar em fato constitutivo do direito à pretensão reparatória, caberá ao autor, sempre, o ônus da prova de tal culpa do réu.[54]

A subjetividade decorre justamente do elemento culpa que, em seu sentido estrito, demonstra-se através da negligência, imprudência ou imperícia, que serão apuradas a partir de cada caso concreto.

Conforme disciplina Arnold Wald:

---

[54] STOLZE, 2017, p. 65.

O fundamento da responsabilidade, entretanto, continuou o mesmo – a culpa: a diferença reside num aspecto meramente processual de distribuição do ônus da prova. Enquanto no sistema clássico (de culpa provada) cabe à vítima provar a culpa do causador do dano, no de inversão do ônus probatório atribui-se ao demandado o ônus de provar que não agiu com culpa (presunção *juris tantum*).[55]

Portanto, na responsabilidade civil subjetiva, para que haja obrigação de indenizar, será necessária a cumulação de uma ação ilícita – fundada na teoria da culpa –, um dano e nexo causal entre a ação e o dano. Sendo fundada na teoria da culpa, a ação ilícita será perpetrada no propósito do agente no resultado danoso – culpa em sentido amplo, como sinônimo de dolo –, ou mesmo quando o agente não busca o resultado danoso, mas assume o seu risco por ter agido com negligência, imprudência ou imperícia – culpa em sentido estrito. Para Maria Helena Diniz:

> A responsabilidade contratual funda-se na culpa, entendida em sentido amplo, de modo que a inexecução culposa da obrigação se verifica pelo seu descumprimento intencional, havendo vontade consciente do devedor de não cumprir a prestação devida, com o intuito de prejudicar o credor (dolo), quer pelo inadimplemento do devedor jurídico, sem a consciência da violação, sem a intenção deliberada de causar dano ao direito alheio, havendo apenas um procedimento negligente, imprudente ou omisso (culpa), prejudicial ao credor. Sendo a culpa, nesse sentido amplo, que abrange o dolo e a culpa em sentido estrito, o principal fundamento da responsabilidade contratual, o dever de indenizar apenas surgirá quando o inadimplemento for causado por ato imputável ao devedor. Daí a necessidade de se apreciar o comportamento do obrigado, a fim de se verificar, para a exata fixação de sua responsabilidade, se houve dolo, negligência, imperícia ou imprudência de sua parte.[56]

Nos casos de responsabilidade civil subjetiva, deverá a vítima – nos autos da ação indenizatória que moverá contra o agente causador do dano –, demonstrar e provar a realização de uma ação ilícita, da qual lhe resultou um dano, como também o liame causal entre ação e dano, conforme determina o art. 373 do Código de Processo Civil.

> Art. 373. O ônus da prova incumbe:
> I – ao autor, quanto ao fato constitutivo de seu direito;
> II – ao réu, quanto à existência de fato impeditivo, modificativo ou extintivo do direito do autor.
> §1º Nos casos previstos em lei ou diante de peculiaridades da causa relacionadas à impossibilidade ou à excessiva dificuldade de cumprir o encar-

---

[55] WALD, 2011, p. 127.
[56] DINIZ, 2009, p. 246.

go nos termos do caput ou à maior facilidade de obtenção da prova do fato contrário, poderá o juiz atribuir o ônus da prova de modo diverso, desde que o faça por decisão fundamentada, caso em que deverá dar à parte a oportunidade de se desincumbir do ônus que lhe foi atribuído.

§2º A decisão prevista no § 1º deste artigo não pode gerar situação em que a desincumbência do encargo pela parte seja impossível ou excessivamente difícil.

§3º A distribuição diversa do ônus da prova também pode ocorrer por convenção das partes, salvo quando:

I – recair sobre direito indisponível da parte;

II – tornar excessivamente difícil a uma parte o exercício do direito.

§4º A convenção de que trata o § 3º pode ser celebrada antes ou durante o processo.

No entanto, muitas vezes é extremamente difícil para a vítima do dano, que é autora da ação indenizatória, cumprir com o seu ônus processual de provar o alegado, deixando a vítima/autora da ação, portanto, de ter acesso à indenização pelo prejuízo sofrido, não cumprindo, assim, o ordenamento jurídico com o seu objetivo de equilibrar as relações jurídicas abaladas pela prática de uma ação da qual decorreu um dano.

Para situações como essa, ou mesmo diante de casos em que o dano foi cometido por um ato lícito – porque embora desprovido de dolo, negligência, imprudência ou imperícia, causou um prejuízo à vítima, o ordenamento jurídico evoluiu para a chamada responsabilidade civil objetiva, na qual o elemento subjetivo culpa é despiciendo.

A responsabilidade civil objetiva também está prevista no art. 927 do Código Civil que, no seu parágrafo único, indica que haverá obrigação de reparar o dano, independentemente de culpa, nos casos especificados em lei, ou diante da aplicação da teoria do risco.

A disposição legal é clara ao afirmar que haverá responsabilidade civil, independentemente da culpa – objetiva –, quando a lei assim o indicar ou quando se aplicar a teoria do risco.

Nesse contexto, tem-se – no *caput* do art. 927 do Código Civil –, a responsabilidade civil tradicional, ou subjetiva, e no parágrafo único do mesmo artigo a responsabilidade civil objetiva, que – em regime de exceção – será aplicada mediante indicação legal ou quando se operar a teoria do risco.

Necessário destacar que o ordenamento jurídico criou o regime da responsabilidade civil objetiva justamente para facilitar – mas não elidir – o ônus probatório da vítima do dano que busca reparação. Em ambos os casos, de responsabilidade subjetiva ou objetiva, o ônus probatório no bojo de uma ação indenizatória permanecerá na figura do autor da ação, que é a vítima do dano.

Mesmo antes do Código Civil de 2002, a responsabilidade civil objetiva já estava presente em algumas leis, como: Lei das Estradas de Ferro (Decreto-Lei nº 2.681/1912), Código Brasileiro de Aeronáutica (Lei nº 7.565/1986), Código de Defesa do Consumidor, e também na Constituição Federal de 1988, em seu art. 37, § 6º.[57]

---

57 *Lei das Estradas de Ferro*
Art. 1º. As estradas de ferro serão responsáveis pela perda total ou parcial, furto ou avaria das mercadorias que receberem para transportar.

Será sempre presumida a culpa e contra esta presunção só se admitirá alguma das seguintes provas:

1ª – caso fortuito ou força maior;

2ª – que a perda ou avaria se deu por vício intrínseco da mercadoria ou causas inerentes à sua natureza;

3ª – tratando-se de animais vivos, que a morte ou avaria foi consequência de risco que tal espécie de transporte faz naturalmente correr;

4ª – que a perda ou avaria foi devida ao mal acondicionamento da mercadoria ou a ter sido entregue para transportar sem estar encaixotada, enfardada ou protegida por qualquer outra espécie de envoltório;

5ª – que foi devido a ter sido transportada em vagões descobertos, em consequência de ajuste ou expressa determinação do regulamento;

6ª – que o carregamento e descarregamento foram feitos pelo remetente ou pelo destinatário ou pelos seus agentes e disto proveio a perda ou avaria;

7ª – que a mercadoria foi transportada em vagão ou plataforma especialmente fretada pelo remetente, sob a sua custódia e vigilância, e que a perda ou avaria foi consequência do risco que essa vigilância devia remover.

Código Brasileiro de Aeronáutica
Art. 246. A responsabilidade do transportador (artigos 123, 124 e 222, Parágrafo único), por danos ocorridos durante a execução do contrato de transporte (artigos 233, 234, § 1º, 245), está sujeita aos limites estabelecidos neste Título (artigos 257, 260, 262, 269 e 277).

Art. 247. É nula qualquer cláusula tendente a exonerar de responsabilidade o transportador ou a estabelecer limite de indenização inferior ao previsto neste Capítulo, mas a nulidade da cláusula não acarreta a do contrato, que continuará regido por este Código (artigo 10).

Art. 248. Os limites de indenização, previstos neste Capítulo, não se aplicam se for provado que o dano resultou de dolo ou de culpa grave do transportador ou de seus prepostos.

Código de Defesa do Consumidor
Art. 12. O fabricante, o produtor, o construtor, nacional ou estrangeiro, e o importador respondem, independentemente da existência de culpa, pela reparação dos danos causados aos consumidores por defeitos decorrentes de projeto, fabricação, construção, montagem, fórmulas, manipulação, apresentação ou acondicionamento de seus produtos, bem como por informações insuficientes ou inadequadas sobre sua utilização e riscos.

Em situações específicas, como nas relações de consumo, o consumidor autor da ação indenizatória poderá pleitear a inversão do ônus da prova e, o juiz, verificando a pertinência do pedido conforme determina o Código de Defesa do Consumidor, autorizará ou não a requerida inversão.

> Art. 6º. São direitos básicos do consumidor:
> [...]
> VII – a facilitação da defesa de seus direitos, inclusive com a inversão do ônus da prova, a seu favor, no processo civil, quando, a critério do juiz, for verossímil a alegação ou quando for ele hipossuficiente, segundo as regras ordinárias de experiências; [...].

Já foi enfatizado nessa obra que o regime da responsabilidade civil objetiva não elide o ônus probatório do autor da ação indenizatória que, evidentemente, é a vítima do evento danoso. Assim, ao autor cabe o ônus de provar a ação, o dano e o nexo de causalidade. Repita-se que o benefício

---

Art. 18. Os fornecedores de produtos de consumo duráveis ou não duráveis respondem solidariamente pelos vícios de qualidade ou quantidade que os tornem impróprios ou inadequados ao consumo a que se destinam ou lhes diminuam o valor, assim como por aqueles decorrentes da disparidade, com a indicações constantes do recipiente, da embalagem, rotulagem ou mensagem publicitária, respeitadas as variações decorrentes de sua natureza, podendo o consumidor exigir a substituição das partes viciadas.

Constituição Federal

Art. 37. A administração pública direta e indireta de qualquer dos Poderes da União, dos Estados, do Distrito Federal e dos Municípios obedecerá aos princípios de legalidade, impessoalidade, moralidade, publicidade e eficiência e, também, ao seguinte:
[...]
§6º As pessoas jurídicas de direito público e as de direito privado prestadoras de serviços públicos responderão pelos danos que seus agentes, nessa qualidade, causarem a terceiros, assegurando o direito de regresso contra o responsável nos casos de dolo ou culpa.

Uma das teorias que procuram justificar a responsabilidade objetiva é a teoria do risco, segundo a qual toda pessoa que exerce alguma atividade cria um risco de dano para terceiros e deve ser obrigada a repará-lo, ainda que sua conduta seja isenta de culpa.

A responsabilidade civil desloca-se da noção de culpa para a ideia de risco, ora encarada como "risco-proveito", que se funda no princípio de que é reparável o dano causado a outrem em consequência de uma atividade realizada em benefício do responsável (*ubiemolumentum, ibi ônus*, isto é, quem aufere os cômodos (lucros) deve suportar os incômodos ou riscos); ora mais genericamente como "risco criado", a que se subordina todo aquele que, sem indagação de culpa, expuser alguém a suportá-lo, em razão de uma atividade perigosa; ora, ainda como "risco profissional", decorrente da atividade ou profissão do lesado, como ocorre nos acidentes de trabalho

trazido pela responsabilidade civil objetiva se refere ao primeiro elemento da responsabilidade civil: a ação. Isso porque o autor deverá demonstrar o advento da ação da qual decorreu o dano, mas será dispensável a demonstração da culpa, ou seja, se houve intenção – culpa em sentido amplo, dolo –, ou se houve negligência, imprudência ou imperícia. Dessa forma, o ônus probatório, em que pese flexibilizado, é mantido.

Mesmo se mantendo o ônus da prova na figura do autor da ação – vítima do dano –, será muito mais simples constituir prova – cumprindo com o ônus processual – litigando-se pelo regime da responsabilidade civil objetiva, porque nele o autor deverá demonstrar ação, dano e nexo de causalidade, pouco importando se a ação foi realizada com culpa em sentido amplo ou com culpa em sentido estrito. Pouco importa a demonstração, pela vítima autora, das circunstâncias nas quais a ação ocorreu. Além disso, pela teoria do risco, a ação da qual decorreu o dano poderá ser lícita. Ou seja, caso o dano tenha decorrido de uma ação praticada a partir de uma atividade que é arriscada pela sua própria natureza, independentemente de culpa – em sentido amplo ou estrito –, haverá a obrigação de indenizar.

Quadro 7 – Responsabilidade subjetiva e objetiva

Responsabilidade subjetiva	Ação pautada na teoria da culpa	Art. 927, caput	
Responsabilidade objetiva	Ação pautada na teoria do risco ou quando há expressa indicação de lei	Art. 927, parágrafo único	Visa facilitar o ônus da prova de quem busca reparação

Fonte: Elaborado pelo autor.

6.1. A TEORIA DO RISCO E AS SUAS MODALIDADES

A teoria do risco, que aperfeiçoa a responsabilidade civil objetiva e tem fundamento no parágrafo único do artigo 927 do Código Civil, baseia-se na ideia de que aquele que pratica uma atividade naturalmente arriscada deve responder pelos danos decorrentes dessa atividade. Para Savatier:

> [...] a responsabilidade, fundada no risco, consiste, portanto, na obrigação de indenizar o dano produzido por atividade exercida no interesse do agente e sob seu controle, sem que haja nenhuma indagação sobre o comportamento do lesante, fixando-se no elemento objetivo, isto é, na relação de causalidade entre o dano e a conduta do causador.[58]

---

[58] SAVATIER, 1940, p. 274.

Rui Stoco trata da teoria do risco da seguinte forma:

> Para sempre citado Caio Mário o conceito de risco que melhor se adapta às condições de vida social "é o que se fixa no fato de que, se alguém põe em funcionamento uma qualquer atividade, responde pelos eventos danosos que esta atividade gera para os indivíduos, independentemente de determinar se em cada caso, isoladamente, o dano é devido à imprudência, à negligência, a um erro de conduta, e assim se configura a teoria do risco criado".[59]

Pablo Stolze, com praticidade, assim se refere à teoria do risco:

> A teoria em epígrafe leva a ideia de responsabilização às mais altas elucubrações. De fato, a sua aplicação levaria a reconhecer a responsabilidade civil em qualquer situação, desde que presentes os três elementos essenciais, desprezando-se quaisquer excludentes de responsabilidade, assumindo a Administração Pública, assim, todo o risco de dano proveniente da sua atuação.[60]

A exegese do art. 927 do Código Civil indica a existência de um sistema dualista de responsabilidade civil, no qual coexistem a responsabilidade civil subjetiva, ou tradicional, fundada na teoria da culpa, e a responsabilidade civil objetiva, aplicada em duas hipóteses: por indicação legal, como é o caso do Código de Defesa do Consumidor, ou quando a atividade normalmente desenvolvida pelo autor do dano implicar, por sua natureza, risco para os direitos de outrem, diante da teoria do risco.

Sobre a teoria do risco, Carlos Alberto Bittar explica que:

> A responsabilidade, fundada no risco, consiste, portanto, na obrigação de indenizar o dano produzido por atividade exercida no interesse do agente e sob seu controle, sem que haja qualquer indagação sobre o comportamento do lesante, fixando-se no elemento objetivo, isto é, na relação de causalidade entre o dano e a conduta do seu causador.[61]

Já de acordo com Orlando Gomes, pode-se tratar da teoria do risco da seguinte maneira:

> A obrigação de indenizar é, portanto, imposta por lei a certas pessoas, independentemente da prática de qualquer ato ilícito, considerando-se que: a) determinadas atividades humanas criam um risco especial para outrem. No direito brasileiro essa responsabilidade vem sendo disciplinada por leis especiais, como, p.ex., as sobre estradas de ferro (Dec. n. 2681/12, regulamentado pelo Dec. n. 51.813/63, alterado pelos Decs. N. 59.809/66, 58.365/66 e 61.588/67, ora revogados pelo Decreto s/n. de 18-2-1991); o Código de Mineração (Dec.-Lei n. 277/67, com as modificações do

---

[59] STOCO, 2014, p. 238.
[60] STOLZE, 2017, p. 285.
[61] BITTAR, 1892, p. 89- 91; RODRIGUES, 2003, p. 170.

Dec.- Lei n. 318/67 e da Lei n. 9.314/96); a sobre transporte marítimo (Dec.-Lei n. 6453/97); o Código de Trânsito Brasileiro (Lei n. 9.503/97) e a Constituição Federal de 1988 (art. 37,§ 6º).[62]

A doutrina subdivide algumas modalidades de risco, como: risco proveito, risco profissional, risco excepcional, risco criado e risco integral.

O risco proveito surge quando se tem lucro a partir de determinada atividade arriscada, devendo-se suportar o ônus decorrente dos danos dela decorrentes. Se a atividade é potencialmente danosa, e dela provier vantagem econômica, o causador do dano deverá suportar o ônus decorrente do dano.

Haverá risco profissional quando a vítima sofrer um dano em razão da sua atividade profissional. Refere-se aos acidentes sofridos pelos empregados no trabalho ou em razão dele, pouco importando se o empregador agiu com culpa. Para Jean Carbonnier:

> Além do desenvolvimento da máquina e da correspectiva multiplicidade de acidentes e dos acidentes anônimos cuja causa não se pode atribuir a nenhuma ação humana, acresce a circunstância de que, para quem vive de seu trabalho, o acidente corporal significa a miséria. É, então, preciso organizar a reparação.[63]

O risco excepcional ocorre em casos de atividades excepcionais e incomuns e que ocasionam dano à vítima, como nas atividades nucleares. A vítima deverá ser indenizada mesmo sem a demonstração da culpa do agente causador.

O fundamento que justifica o risco criado é simples. Aquele que, em razão de atividade ou profissão, gera um risco desproporcional, que deverá indenizar o dano dele decorrente. Tratando-se de risco criado, pouco importa se houve ou não benefício econômico para o causador do dano, sendo essa a diferença básica entre o risco criado e o risco proveito.

Merece especial destaque a teoria do risco integral. Segundo o risco integral, haverá obrigação de reparar o dano causado mesmo se o nexo de causalidade não for devidamente comprovado. Nesse caso, deve a vítima demonstrar a ação e dano, apenas. Para Hely Lopes Meirelles:

> A teoria do risco integral é a modalidade extremada da doutrina do risco administrativo, abandonada na prática, por conduzir ao abuso e à iniquidade social. Para essa fórmula radical, a Administração ficaria obrigada a

---

[62] GOMES, 1995, p. 374.
[63] CARBONNIER, 1994, p. 298.

indenizar todo e qualquer dano suportado por terceiros, ainda que resultante de culpa ou dolo da vítima.[64]

Ou seja, promove-se a responsabilização mesmo sem nexo causal direto e imediato. O dano, assim, não decorrerá direta e imediatamente da atividade arriscada, mas apenas indireta e mediatamente. Essa teoria permite, inclusive, a responsabilização em eventos de caso fortuito e de força maior. Seu foco é a responsabilização pelo resultado, e não pela causa.

Pelo seu alcance extremado, o nosso ordenamento apenas aplica o risco integral a determinados casos específicos, como danos ao meio ambiente e danos nucleares, por exemplo.

Em todas as modalidades de risco, a aplicação da responsabilidade será sem a verificação do elemento subjetivo – a culpa. Quanto a isso, Orlando Gomes tem a interessante conclusão:

> A responsabilidade sem culpa ou objetiva, fundada na teoria do risco, decorre, p. ex., em nosso direito, de: 1) Acidente do trabalho: o operário vitimado sempre faz jus à sua indenização, houvesse ou não culpa sua ou do patrão. Pela teoria do risco profissional era ele inerente à atividade exercida, sem que se levasse em consideração a culpa do patrão ou do empregado acidentado. A responsabilidade objetiva abrangia os danos provenientes de culpa do lesado, mas não os oriundos de dolo. O empregador tinha o dever de ressarcir o dano, simplesmente porque era o proprietário dos instrumentos que provocaram o acidente, porque era ele quem recolhia os benefícios da prestação dos serviços e assumia, no contrato de trabalho, a obrigação de zelar pela segurança do empregado, de modo que a indenização constitui uma contraprestação àquele que se arriscou no seu trabalho, suportando os incômodos resultantes desse risco. 2) Acidentes resultantes do exercício de atividades perigosas (CC, art. 927, Parágrafo único), como, p. ex., a manipulação de produtos químicos, a fabricação de inflamáveis, a utilização de um veículo (terrestre, marítimo ou aéreo). Deveras, sempre haverá obrigação de reparar o dano, independentemente de culpa, nos casos especificados em lei ou quando a atividade normalmente desenvolvida pelo lesante implicar, por natureza, risco para os direitos de outrem (CC, art. 927, parágrafo único)[65].

Quadro 8 – Teoria do Risco

Risco Proveito	Surge quando se tem lucro a partir de determinada atividade arriscada, devendo-se suportar o ônus decorrente dos danos dela decorrentes

---

64 MEIRELLES, 1999, p. 586.
65 GOMES, 1995, p. 375-9.

Risco Profissional	Surge quando a vítima sofrer um dano em razão da sua atividade profissional. Refere-se aos acidentes sofridos pelos empregados no trabalho ou em razão dele
Risco Excepcional	Surge em casos de atividades excepcionais e incomuns e que ocasionam dano à vítima, como nas atividades nucleares
Risco Criado	Surge em razão de atividade ou profissão, gerando um risco desproporcional, cujo dano decorrente deverá ser indenizado.
Risco Integral	Haverá obrigação de reparar o dano causado mesmo se o nexo de causalidade não for devidamente comprovado

Fonte: Elaborado pelo autor.

7. RESPONSABILIDADE CIVIL CONSUMERISTA

Necessário recordar que o art. 927 do Código Civil prevê no seu *caput* a responsabilidade civil tradicional, ou subjetiva, fundada na teoria da culpa, e no seu parágrafo único a responsabilidade civil objetiva, em duas situações: quando se aplicar a teoria do risco ou quando uma lei expressamente indicar hipótese de responsabilidade objetiva.

Tem-se que a responsabilidade civil nas relações de consumo representa um mecanismo necessário para contemplar o sistema de defesa e proteção dos consumidores. Para enfrentar a nova realidade decorrente da Revolução Industrial e do desenvolvimento tecnológico e científico, o Código do Consumidor engendrou um novo sistema de responsabilidade civil para as relações de consumo, com fundamentos e princípios novos.

E é na vertente da expressa indicação em lei que se enquadra a responsabilidade civil consumerista, porque a Lei nº 8.078/1990, o Código de Defesa do Consumidor, cria norma de responsabilidade civil objetiva para quase todas as hipóteses de relação de consumo.[66]

> Art. 12. O fabricante, o produtor, o construtor, nacional ou estrangeiro, e o importador respondem, independentemente da existência de culpa, pela reparação dos danos causados aos consumidores por defeitos decorrentes de projeto, fabricação, construção, montagem, fórmulas, manipulação, apresentação ou acondicionamento de seus produtos, bem como por informações insuficientes ou inadequadas sobre sua utilização e riscos.

---

[66] Portanto, configurada a relação de consumo, aplica-se a regra da responsabilidade civil objetiva, com poucas exceções, quais sejam: (i) a responsabilidade dos profissionais liberais pelo fato do produto ou serviço, conforme § IV do art. 14 do CDC; (ii) a responsabilidade das sociedades coligadas, conforme § IV do art. 28 do CDC. Em ambos os casos, a responsabilidade será subjetiva.

O Código de Defesa do Consumidor, além de criar uma norma de responsabilidade civil objetiva, inova a partir de um microssistema legislativo próprio, independente do Código Civil, que contempla a responsabilidade pelo fato do produto ou do serviço e pelo vício do produto ou do serviço.

A lei consumerista constrói dois cenários: um para eventos que atinjam apenas o patrimônio do consumidor, por vícios de qualidade ou de quantidade; e outro para aqueles que atinjam a vida, a saúde ou a segurança do consumidor, pelo fato do produto ou do serviço, que gere um defeito/acidente de consumo.

> O defeito, por sua vez, pressupõe o vício. [...] O defeito é o vício acrescido de um problema extra, alguma coisa extrínseca ao produto ou serviço, que causa um dano maior que simplesmente um mau funcionamento, o não funcionamento, a quantidade errada, a perda do valor pago [...] em termos de dano causado ao consumidor, é mais devastador.[67]

Há no Código de Defesa do Consumidor, então, um cenário para situações de menor gravidade, os vícios de qualidade e/ou quantidade, e de maior gradação, os fatos, que por defeito podem gerar um acidente de consumo, atingindo ou vulnerabilizando a vida, a saúde ou a segurança do consumidor.

Em caso de vício do produto ou do serviço, que poderá ser de qualidade ou de quantidade, terá o consumidor dois prazos para reclamar, que são prazos decadenciais, de trinta ou noventa dias, se o produto ou serviço é não durável ou durável, respectivamente. Dada a reclamação dentro dos prazos de decadência, o fornecedor terá trinta dias para solver o vício. Vejamos a seguir o art. 26:

> Art. 26. O direito de reclamar pelos vícios aparentes ou de fácil constatação caduca em:
> I – trinta dias, tratando-se de fornecimento de serviço e de produtos não duráveis;
> II – noventa dias, tratando-se de fornecimento de serviço e de produtos duráveis.
> §1º Inicia-se a contagem do prazo decadencial a partir da entrega efetiva do produto ou do término da execução dos serviços.
> §2º Obstam a decadência:
> I – a reclamação comprovadamente formulada pelo consumidor perante o fornecedor de produtos e serviços até a resposta negativa correspondente, que deve ser transmitida de forma inequívoca;
> II – (Vetado).

---

[67] NUNES, 2011, p. 226.

III – a instauração de inquérito civil, até seu encerramento.
§3º Tratando-se de vício oculto, o prazo decadencial inicia-se no momento em que ficar evidenciado o defeito.

A partir daí, poderá o consumidor, a sua escolha, optar:

I. pela substituição do produto por outro similar;
II. pela devolução do valor pago devidamente corrigido;
III. pela troca do produto por outro de maior ou menor valor, mediante a complementação do valor ou devolução da diferença, a depender do caso.

O *caput* art. 18 do Código de Defesa do Consumidor impõe a regra da responsabilidade solidária entre os envolvidos na cadeia de consumo nos casos de vício do produto ou do serviço. Além disso, o parágrafo primeiro desse artigo estabelece o prazo de trinta dias, contados da reclamação do consumidor, para que o vício seja sanado.

> Art. 18. Os fornecedores de produtos de consumo duráveis ou não duráveis respondem solidariamente pelos vícios de qualidade ou quantidade que os tornem impróprios ou inadequados ao consumo a que se destinam ou lhes diminuam o valor, assim como por aqueles decorrentes da disparidade, com a indicações constantes do recipiente, da embalagem, rotulagem ou mensagem publicitária, respeitadas as variações decorrentes de sua natureza, podendo o consumidor exigir a substituição das partes viciadas.
> §1º Não sendo o vício sanado no prazo máximo de trinta dias, pode o consumidor exigir, alternativamente e à sua escolha:
> I – a substituição do produto por outro da mesma espécie, em perfeitas condições de uso;
> II – a restituição imediata da quantia paga, monetariamente atualizada, sem prejuízo de eventuais perdas e danos;
> III – o abatimento proporcional do preço.
> §2º Poderão as partes convencionar a redução ou ampliação do prazo previsto no parágrafo anterior, não podendo ser inferior a sete nem superior a cento e oitenta dias. Nos contratos de adesão, a cláusula de prazo deverá ser convencionada em separado, por meio de manifestação expressa do consumidor.
> §3º O consumidor poderá fazer uso imediato das alternativas do § 1º deste artigo sempre que, em razão da extensão do vício, a substituição das partes viciadas puder comprometer a qualidade ou características do produto, diminuir-lhe o valor ou se tratar de produto essencial.
> §4º Tendo o consumidor optado pela alternativa do inciso I do § 1º deste artigo, e não sendo possível a substituição do bem, poderá haver substituição por outro de espécie, marca ou modelo diversos, mediante complementação ou restituição de eventual diferença de preço, sem prejuízo do disposto nos incisos II e III do § 1º deste artigo.

§5° No caso de fornecimento de produtos in natura, será responsável perante o consumidor o fornecedor imediato, exceto quando identificado claramente seu produtor.

Destaque-se que o consumidor não precisará aguardar o prazo de trinta dias se tratando de um produto essencial, ou seja, aquele considerado imprescindível no cotidiano do consumidor, como um aparelho celular, um fogão, um computador.

Caso o fornecedor não substitua ou troque o produto, ou mesmo restitua o valor pago, poderá o consumidor acionar tanto o fabricante quanto o lojista, porque a responsabilidade pelo vício do produto ou serviço é solidária.

> Art. 19. Os fornecedores respondem solidariamente pelos vícios de quantidade do produto sempre que, respeitadas as variações decorrentes de sua natureza, seu conteúdo líquido for inferior às indicações constantes do recipiente, da embalagem, rotulagem ou de mensagem publicitária, podendo o consumidor exigir, alternativamente e à sua escolha:
> I – o abatimento proporcional do preço;
> II – complementação do peso ou medida;
> III – a substituição do produto por outro da mesma espécie, marca ou modelo, sem os aludidos vícios;
> IV – a restituição imediata da quantia paga, monetariamente atualizada, sem prejuízo de eventuais perdas e danos.
> §1° Aplica-se a este artigo o disposto no § 4° do artigo anterior.
> §2° O fornecedor imediato será responsável quando fizer a pesagem ou a medição e o instrumento utilizado não estiver aferido segundo os padrões oficiais.

Já no caso de fato do produto ou serviço, mais gravoso, o Código de Defesa do Consumidor cria prazo prescricional único, de cinco anos, contados a partir do conhecimento, pelo consumidor, do fato, para ajuizamento da ação indenizatório.

> Art. 27. Prescreve em cinco anos a pretensão à reparação pelos danos causados por fato do produto ou do serviço prevista na Seção II deste Capítulo, iniciando-se a contagem do prazo a partir do conhecimento do dano e de sua autoria.
> Parágrafo único. Aquele que efetivar o pagamento ao prejudicado poderá exercer o direito de regresso contra os demais responsáveis, segundo sua participação na causação do evento danoso.

A responsabilidade civil pelo fato do produto ou serviço é subsidiária, mas poderá ser solidária se o fabricante não for conhecido, se a embalagem do produto não referir ao fabricante ou se o comerciante não armazenar corretamente o produto.

Art. 13. O comerciante é igualmente responsável, nos termos do artigo anterior, quando:

I – o fabricante, o construtor, o produtor ou o importador não puderem ser identificados;

II – o produto for fornecido sem identificação clara do seu fabricante, produtor, construtor ou importador;

III – não conservar adequadamente os produtos perecíveis.

Quadro 9 – Responsabilidade Civil Consumerista

Responsabilidade pelo vício do produto ou serviço	(-) grave	Atinge o patrimônio do consumidor. Vícios de qualidade e de quantidade	Prazos decadenciais para reclamar: 30 dias – produtos/serviços não duráveis 90 dias – produtos/serviços duráveis	Resp. solidária
Responsabilidade pelo fato do produto ou serviço	(+) grave	Atinge a vida, saúde ou segurança do consumidor, gerando um acidente de consumo	Prazo prescricional de cinco anos para ajuizar ação	Resp. subsidiária	Mas será solidária se: - o fabricante não for identificado - a embalagem não indicar o fabricante - o comerciante não conservar o produto de maneira adequada

Fonte: Elaborado pelo autor.

RESPONSABILIDADE CIVIL SUBJETIVA

A responsabilidade civil subjetiva, que também é chamada de tradicional, e que é fundada nos três alicerces da "equação hipotética" da responsabilidade civil – ação + dano + nexo de causalidade = obrigação de reparar – tem a subjetividade relacionada ao comportamento do lesante, que deverá ter agido com culpa, ou por pretender o resultado danoso – culpa em amplo sentido = dolo –, ou, embora não tenha desejado, tenha assumido o risco do advento do dano – culpa em sentido estrito = negligência, imprudência e imperícia.

1. A AÇÃO

A ação é o primeiro elemento da equação hipotética[68] da responsabilidade civil, sugerida nessa obra com o viés estritamente didático. Como esse capítulo é dedicado à responsabilidade civil tradicional ou subjetiva, cuidará apenas da ação ilícita, fundada na teoria da culpa, comissiva ou omissiva, pautada em ato ilícito voluntário e imputável. A responsabilidade civil tradicional é pautada no comportamento humano contrário à ordem jurídica.

A ação comissiva é caracterizada pela prática de um ato contrário à norma jurídica e que não deveria ter sido realizado. É a ação positiva, caracterizada pela efetiva prática de um ato contrário à ordem jurídica e, portanto, reconhecido como ilícito.

Já a ação omissiva tem lugar diante de uma abstenção imotivada da prática de determinado ato quando havia a obrigação de agir. A omissão é a ausência da conduta. Tem lugar quando alguém não realiza determinada ação que deveria praticar.

Tanto a ação comissiva quanto a omissiva correspondem ao primeiro momento da responsabilidade civil, dando lugar à antijuridicidade que caracteriza o ato ilícito.

---

[68] Ação + Dano + Nexo de causalidade = obrigação de indenizar.

Tratando-se de responsabilidade civil tradicional, objeto desse capítulo e prevista no *caput* do art. 927 do Código Civil, aplica-se a teoria da culpa, ou seja, a responsabilidade pautada no cometimento de um ato ilícito.

> Art. 927. Aquele que, por ato ilícito (arts. 186 e 187), causar dano a outrem, fica obrigado a repará-lo.
> Parágrafo único. Haverá obrigação de reparar o dano, independentemente de culpa, nos casos especificados em lei, ou quando a atividade normalmente desenvolvida pelo autor implicar, por sua natureza, risco para os direitos de outrem.

2. ATO ILÍCITO

Por seu turno, o ato ilícito é aquele que nega o direito, por violar uma norma jurídica. Os atos ilícitos são fatos jurídicos ilícitos, porque produzem efeitos que, potencialmente, podem criar, modificar, substituir ou extinguir situações jurídicas. Para Maria Helena Diniz:

> O ato ilícito é o praticado culposamente em desacordo com a norma jurídica, destinada a proteger interesses alheios; é o que viola direito subjetivo individual, causando prejuízo a outrem, criando o dever de reparar tal lesão. Para que se configure o ilícito será imprescindível um dano oriundo de atividade culposa.[69]

Nessa esteira de raciocínio, pode-se dizer que o ato/fato ilícito é antijurídico, no sentido de que dele emanam consequências – ou efeitos – contrários ao ordenamento jurídico, com potencialidade danosa. O ato/fato ilícito se rebela contra o ordenamento jurídico, também por violar o dever geral de cuidado tutelado pelo sistema de responsabilidade civil.

Para Marcos Bernardes de Mello, o ato ilícito é "[...] todo fato, conduta ou evento, contrário a direito que seja imputável a alguém com capacidade delitual (= de praticar ato ilícito)."[70]

2.1. ANTIJURIDICIDADE E IMPUTABILIDADE

Ainda quanto ao ato ilícito, é necessário distinguir os seus dois planos de valoração: o que verifica a conduta propriamente em si, verificando o seu grau de nocividade na convivência em sociedade; e aquele que cuida do ato enquanto comportamento humano e, portanto, dedica-se às condições pessoais do agente.

O primeiro plano de valoração, que é eminentemente objetivo e trata da conduta, é denominado de antijuridicidade. Opera-se quando se

---

[69] DINIZ, 1995.
[70] MELLO, 2015, p. 206.

caracteriza a ofensa, sem consentimento, de um direito de terceiro, maculando o dever geral de cuidado que rege o ordenamento jurídico.

Tal ofensa poderá ser concretizada tanto por ação quanto por omissão. Segundo Fernando Pessoa Jorge, é antijurídico o ato "[...] que não seja permitido pelo direito, em si mesmo, ou nas suas consequências."[71] Ou seja, a análise do advento da antijuridicidade é estritamente objetiva. Verifica-se a conduta isoladamente, sem considerar as condições nas quais ela foi realizada. Para que haja o ato ilícito pleno, além da verificação da conduta, analisa-se as condições pessoais do agente, procedendo-se, também, com uma análise subjetiva.

A partir dessa análise subjetiva, chega-se, ou não, à imputabilidade do agente, que é relacionada a sua capacidade de compreender a ilicitude da ação que pratica. A imputabilidade é um juízo sobre o agente. Será imputável aquele que possa ser censurado pela prática de um ato antijurídico, por ação ou omissão, reprovável socialmente, potencialmente danoso, que tenha realizado conscientemente e com vontade.

A capacidade de praticar ato ilícito civil constitui a regra; a incapacidade, a exceção. Portanto, todos são capazes de praticar ato ilícito civil, exceto aqueles a que a lei considera inimputáveis. Nesse sentido, merece transcrição de Marcos Bernardes Mello:

> Segundo parece, a capacidade de praticar ato ilícito civil diz respeito à pessoa natural e jurídica. O ato ilícito, tanto absoluto como relativo, que o órgão da pessoa jurídica, ou seus prepostos, comete, agindo nessa qualidade, constitui ato ilícito da pessoa jurídica, não do órgão ou do preposto. Por isso, a pessoa jurídica responde pelos danos que o ato ilícito causar, embora possa não ter ação regressiva contra quem o praticou, se agiu com culpa ou fora de suas atribuições. A capacidade da pessoa jurídica de praticar ato ilícito civil é absoluta; não há incapacidades.[72]

O ato consciente é aquele discernido, autodeterminado, opcional – eis que o agente poderia ter agido de modo diverso. A imputabilidade, por seu turno, é composta pelo binômio consciência e vontade. E a vontade deverá ser livre e emanada por indivíduo capaz. Portanto, o ato consciente é aquele praticado por alguém que possui maturidade e sanidade.

Maria Helena Diniz tem explicação categórica sobre o tema menoridade:

> Porém apenas os menores de 18 anos estão acobertados pelo manto da inimputabilidade. Todavia, pelo nosso direito, seja o menor imputável ou não, o ato ilícito por ele praticado acarretará responsabilidade objetiva (CC, art.

---

[71] JORGE, 1999, p. 135.

[72] MELLO, 2015.

933) da pessoa (pais ou tutor) a quem incumbe sua vigilância (CC 932, I e II), reparando-se assim os prejuízos causados ao prejudicado, tendo, porém, direito de reaver o que pagou, salvo se o causador do dano for seu descendente (CC arts. 934 e 942, parágrafo único). Pelo art. 928, parágrafo único, se o representante legal não tiver o dever de reparar o dano, nem recursos financeiros para fazê-lo, o incapaz, como já dissemos alhures, responderá excepcional, equitativa e subsidiariamente pelo prejuízo que causou, desde que não fique privado do necessário para prover a sua subsistência (alimentação, educação, tratamento médico etc.) ou daqueles que dele dependerem.[73]

Já sobre a sanidade, Maria Helena Diniz discorre que:

Demência ou estado grave de desequilíbrio mental, acarretado pelo alcoolismo ou pelo uso de drogas, ou de debilidade mental, que torne o agente incapaz de controlar suas ações. Assim sendo, o agente portador de insanidade mental não responderá pelo prejuízo por ele causado, e a responsabilidade passará à pessoa encarregada da sua guarda, haja ou não culpa in vigilando (CC, arts. 932, II, 933 e 942, parágrafo único). O representante do incapaz (curador) responde pela reparação civil. Essa responsabilidade é objetiva, pois se fosse subjetiva, se provasse que não houve negligência sua relativamente ao dever de guarda, a vítima poderia não receber o que teria direito pelo prejuízo sofrido. Mas o lesado poderá excepcionalmente ficar privado da reparação civil, pois o novo Código Civil, informado pelo princípio do respeito à dignidade da pessoa humana (CF, art. 1º, III), ao apresentar norma responsabilizando subsidiária e equitativamente o aumental pelo dano por ele causado a terceiro, poderá excluir a reparação civil, ao dispor: "Art.928: o incapaz responde pelos prejuízos que causar, se as pessoas por ele responsáveis não tiverem obrigação de fazê-lo ou não dispuserem de meios suficientes. Parágrafo único. A indenização prevista neste artigo, que deverá ser equitativa, não terá se privar do necessário o incapaz ou as pessoas que dele dependem". O representante, na relação com o incapaz, se pagou dano por ele causado, terá, ainda, direito de regresso (CC, art.934).[74]

O ordenamento jurídico considera maduro quem conta com dezoito anos de idade, e com sanidade quem não padece de enfermidade mental que justifique a interdição.[75] Assim, os menores de dezoito anos são inimputáveis. Nada obstante isso, o Código Civil, no seu art. 932, enumera as possibilidades de responsabilidade civil pelo fato de terceiro, o que será objeto do próximo capítulo. Por agora, importa mencionar

---

73 DINIZ, 1995, p. 48.

74 DINIZ, 2010, p. 48.

75 Disso decorre a conclusão que o imaturo ou insano poderá praticar um ato antijurídico, mas que não será ato ilícito, diante da ausência do elemento subjetivo (imputabilidade).

que os pais ou tutores responderão objetivamente pelos prejuízos causados pelos menores, eis o seu dever de vigilância, mas desde que o menor esteja sob a sua autoridade e companhia.

> Art. 933. As pessoas indicadas nos incisos I a V do artigo antecedente, ainda que não haja culpa de sua parte, responderão pelos atos praticados pelos terceiros ali referidos.

Já a sanidade é verificada a partir do estado mental, se de desequilíbrio grave ou não, como as consequências acarretadas pelo uso de álcool e drogas, ou por enfermidades mentais, que desabilitem o agente de controlar as suas ações. Por isso, o insano não responderá pelas suas ações danosas. Nesses casos, responderá objetivamente o curador, conforme regra do art. 933 do Código Civil.

Contudo, há casos em que o incapaz poderá responder de maneira excepcional, equitativa e subsidiária pelo prejuízo que causou, conforme a norma do art. 928 do Código Civil:

> Art. 928. Se o representante legal não tiver o dever de reparar o dano, nem recursos financeiros para fazê-lo, o incapaz responderá excepcional, equitativa e subsidiariamente pelo prejuízo que causou, desde que não fique privado do necessário para prover a sua subsistência ou daqueles que dele dependerem.

Destaque-se que, além da menoridade e da insanidade – situações nas quais não há imputabilidade por falta da consciência –, o art. 188, o Código Civil refere às situações nas quais o caso concreto retira a imputabilidade pela ausência da vontade, como nos casos do exercício regular de um direito, do estado de necessidade, e da legítima defesa, além dos casos de anuência, direta ou indireta, da vítima.

> Art. 188. Não constituem atos ilícitos:
> I – os praticados em legítima defesa ou no exercício regular de um direito reconhecido;
> II – a deterioração ou destruição da coisa alheia, ou a lesão a pessoa, a fim de remover perigo iminente.
> Parágrafo único. No caso do inciso II, o ato será legítimo somente quando as circunstâncias o tornarem absolutamente necessário, não excedendo os limites do indispensável para a remoção do perigo.

O Quadro 10 a seguir demonstra os elementos do ato ilícito, antijuridicidade e imputabilidade, relacionando o primeiro à prática de uma ação comissiva ou omissiva, e o segundo às condições pessoais do agente causador do dano, no que se refere à sanidade e à maturidade pela idade.

Quadro 10 – Ato ilícito

Ato ilícito (culpa)	Elemento objetivo	Antijurídico pela	Ação comissiva	Positiva (+)
			Ação omissiva	Negativa (-)
	Elemento subjetivo	Imputável pelo	Discernimento	Idade (+) 18 anos
				Sanidade
			Vontade	Art. 188 do Código Civil

Fonte: Elaborado pelo autor.

2.2. EXCLUDENTES DA ILICITUDE

2.2.1. EXERCÍCIO REGULAR DE UM DIREITO RECONHECIDO

O exercício regular de um direito reconhecido, que afasta a imputabilidade, estará presente quando um direito alheio é lesado em razão da prática de um ato regular.[76]

Conforme dispõe o inciso I do art. 188 do Código Civil: "[...] não constituem atos ilícitos os praticados no exercício regular de um direito reconhecido." É necessário ressaltar que qualquer irregularidade no exercício de um direito reconhecido culmina no abuso de direito, segundo o art. 187 do Código Civil:

> Art. 187. Também comete ato ilícito o titular de um direito que, ao exercê-lo, excede manifestamente os limites impostos pelo seu fim econômico ou social, pela boa-fé ou pelos bons costumes.

O abuso de direito configura ato ilícito, conjugando a antijuridicidade, o primeiro elemento do ato ilícito, com a imputabilidade, agora presente diante da manifestação da vontade do agente.

2.2.2. ESTADO DE NECESSIDADE

O estado de necessidade, na nossa norma jurídica, é previsto nos arts. 188, inciso II, 929 e 930 do Código Civil. Age em estado de necessidade quem pratica uma ação para evitar ou minimizar um perigo atual, a direito seu ou alheio, sem que tivesse dado causa, nem mesmo sendo-lhe possível agir de maneira diversa.

O estado de necessidade se justifica para a proteção de um direito, cujo prejuízo não seria justo permitir. Por tal razão, o estado de neces-

---

[76] O credor que, legalmente, lança mão de todos os atos executórios contra o devedor e penhora os seus bens, por exemplo, limitando o seu uso, não comete abuso de direito.

sidade afasta a imputabilidade – por ausência da vontade – e, consequentemente, a ilicitude.

> Art. 929. Se a pessoa lesada, ou o dono da coisa, no caso do inciso II do art. 188, não forem culpados do perigo, assistir-lhes-á direito à indenização do prejuízo que sofreram.
> Art. 930. No caso do inciso II do art. 188, se o perigo ocorrer por culpa de terceiro, contra este terá o autor do dano ação regressiva para haver a importância que tiver ressarcido ao lesado.
> Parágrafo único. A mesma ação competirá contra aquele em defesa de quem se causou o dano (art. 188, inciso I).

Pablo Stolze, define estado de necessidade:

> O estado de necessidade consiste na situação de agressão a um direito alheio, de valor jurídico igual ou inferior àquele que se pretende proteger, para remover perigo iminente, quando as circunstâncias do fato não autorizarem outra forma de atuação.[77]

Nada obstante o estado de necessidade afastar a imputabilidade, nem sempre isentará o causador do dano – em que pese lícito –, da obrigação de reparar o prejuízo causado. É justamente o que determina o art. 929 do Código Civil. Para Carlos Roberto Gonçalves:

> Embora quem pratique o ato danoso em estado de necessidade seja obrigado a reparar o dano causado, o mesmo não acontece com aquele que o pratica em legítima defesa, no exercício regular de um direito e no estrito cumprimento do dever legal.[78]

Ou seja, doutra banda, pode-se concluir que se o lesado for o culpado pelo perigo, não terá direito à reparação pelo prejuízo sofrido. Todavia, o Código Civil, no art. 930, possibilita que o causador do dano, após indenizar o lesado, possa reaver o que pagou em face do terceiro que gerou o perigo, nos seguintes termos "[...] se o perigo ocorrer por culpa de terceiro, contra este terá o autor do dano ação regressiva para haver a importância que tiver ressarcido ao lesado."

Importante destacar que o estado de necessidade, no Código Civil atual, aplica-se à deterioração ou à destruição de coisa alheia, como também às lesões aos indivíduos, devendo-se agir nos limites de suas necessidades, para o afastamento da situação de risco. Qualquer excesso será passível de reparação.

---

[77] STOLZE, 2017, p. 179.

[78] GONÇALVES, 2017, p. 543.

2.2.3. LEGÍTIMA DEFESA

Hipótese clássica do afastamento da ilicitude é a da legítima defesa. Prevê o Código Civil, no inciso I do art. 188, que não constituem atos ilícitos os praticados em legítima defesa.

> Art. 188. Não constituem atos ilícitos:
> I – os praticados em legítima defesa ou no exercício regular de um direito reconhecido; [...].

Aqui, novamente, tem-se o elemento objetivo do ato ilícito – a antijuridicidade –, mas não o elemento subjetivo, a imputabilidade, pela ausência da vontade. Por isso, o ato ilícito não estará completo. Segundo Roberto Senise:

> Constitui a legítima defesa uma ação contra um mal injusto, que também deve ser grave e atual, em relação à vida ou aos bens da vítima. Para a sua caracterização, no entanto, a defesa da vítima deverá ser proporcional quanto aos meios em que é empregada. Isso significa dizer, em via contrária, que se a vítima exceder os meios empregados na sua defesa, tal não será legítima e sujeitara a vítima aos efeitos de eventual responsabilidade pelo excesso praticado.[79]

Na legítima defesa o indivíduo encontra-se diante de uma situação atual ou iminente de injusta agressão, dirigida a si ou a terceiro, que não é obrigado a suportar. No entanto, a defesa legítima deverá ser empregada de maneira moderada, através de meios necessários. Além disso, a agressão que se protege deverá ser atual, a direito do agredido ou de terceiro. Assim, o dano que a vítima causar ao agressor será legítimo e não passível de reparação.

Um pouco mais complexa é a sistemática quando o lesado não é o agressor, mas um terceiro. No caso da legítima defesa de terceiro, se quem causou dano, em defesa da vítima, e efetivamente o reparou, for um terceiro, esse poderá cobrar em regresso daquele que defendeu.

> Art. 930. No caso do inciso II do art. 188, se o perigo ocorrer por culpa de terceiro, contra este terá o autor do dano ação regressiva para haver a importância que tiver ressarcido ao lesado.
> Parágrafo único. A mesma ação competirá contra aquele em defesa de quem se causou o dano (art. 188, inciso I).

2.2.4. ANUÊNCIA DA VÍTIMA

Em determinadas situações, a anuência da vítima poderá afastar a imputabilidade, quando o lesado anui com o dano ao seu direito, retirando-se a ilicitude e, consequentemente, qualquer pretensão indeni-

---

[79] LISBOA, 2008.

zatória. E a ilicitude é retirada porque não há o segundo elemento do ato ilícito – a imputabilidade, por ausência da vontade.

Naturalmente que o consentimento deverá ser livre e desprovido de vícios, além de exarado por pessoa capaz. Imagine-se o desportista que aceita disputar uma corrida de aventura numa montanha, ciente dos perigos e riscos envolvidos na prova. A organização do evento e até mesmo os patrocinadores não poderão ser responsabilizados por qualquer tipo de dano sofrido pelo atleta. Também, o caso de um lutador profissional, que na disputa corre o risco de ser atingido fatalmente. Ou mesmo de um surfista profissional, que corre o risco de ser mordido por um peixe ou mesmo se acidentar em mares revoltos.

Esses são exemplos de consentimento indireto. No entanto, também, pode-se pensar uma situação de consentimento direto, ou expresso, quando a vítima expressamente aceita o risco, seja ele qual for,[80] como em situações de tratamentos médicos inovadores, nos quais a probabilidade de êxito é remota.

Por isso, o ato ilícito pleno é composto por um elemento objetivo, a antijuridicidade, e um elemento subjetivo, a imputabilidade – consciência e vontade. É possível dizer, na esteira de Maria Helena Diniz, que "[...] o ato ilícito qualifica-se na culpa."[81] Para os propósitos dessa obra, ato ilícito e culpa serão considerados sinônimos.

Quadro 11 – Excludentes da ilicitude pela ausência da imputabilidade (vontade)

Exercício regular de um direito	Estado de necessidade	Legítima defesa	Anuência, direta ou indireta, da vítima

Fonte: Elaborado pelo autor.

Quadro 12 – Excludentes da ilicitude pela ausência da imputabilidade (discernimento)

Menoridade (-18 anos)	Sanidade

Fonte: Elaborado pelo autor.

---

[80] Nesse caso, não se aplicará a regra do art. 951. O disposto nos arts. 948, 949 e 950 aplica-se, ainda, no caso de indenização devida por aquele que, no exercício de atividade profissional, por negligência, imprudência ou imperícia, causar a morte do paciente, agravar-lhe o mal, causar-lhe lesão, ou inabilitá-lo para o trabalho.

[81] DINIZ, 2010, p. 41.

3. CULPA

A culpa, por seu turno, pode ser conceituada como o caráter de reprovação ou censura da conduta do agente que, em situação concreta, poderia ter agido de maneira diversa. Não havendo culpa – na responsabilidade civil tradicional, subjetiva, não haverá obrigação indenizatória.

Essas conclusões são extraídas da redação do art. 186 do Código Civil:

> Art. 186. Aquele que, por ação ou omissão voluntária, negligência ou imprudência, violar direito e causar dano a outrem, ainda que exclusivamente moral, comete ato ilícito.

Sérgio Cavalieri assim se posiciona sobre a culpa:

> Na culpa o agente só quer a ação, vindo a atingir o resultado lesivo por desvio de conduta decorrente da falta de cuidado, atenção, diligência ou cautela a serem observados em cada caso nas mais variadas situações. A conduta é voluntária, mas o resultado é involuntário; o agente quer a conduta, não, porém, o resultado; quer a causa, mas não quer o efeito, nem assume o risco de produzi-lo.[82]

Atuará com culpa o agente que praticar ação comissiva ou omissiva, tendo o propósito em encontrar a finalidade danosa ou assumindo o risco do seu resultado, por ser negligente, imprudente ou imperito. Age com culpa quem, conscientemente, pratica ato que poderia não ter praticado, esnobando e negando os valores tutelados pela norma jurídica que propugnam o dever geral de cuidado com o alheio. Para Carlos Roberto Gonçalves:

> Agir com culpa significa atuar o agente em termos de, pessoalmente, merecer censura ou reprovação do direito. E o agente só pode ser pessoalmente censurado, ou reprovado na sua conduta, quando, em face das circunstâncias concretas da situação, caiba a afirmação de que ele podia e devia ter agido de outro modo.[83]

Para Pablo Stolze, culpa é:

> Em nosso entendimento, portanto, a culpa (em sentido amplo) deriva da inobservância de um dever de conduta, previamente imposto pela ordem jurídica, em atenção à paz social.[84]

A norma jurídica visa proteger direitos alheios e tutelar a vida social. Assim, aquele que por ação ou omissão voluntária – se é voluntário, há imputabilidade –, negligência ou imprudência, violar direito e causar dano a outrem, ainda que exclusivamente moral, comete ato ilícito.

---

[82] CAVALIERI, 2019, p. 49.
[83] GONÇALVES, 2017, p. 372-373.
[84] STOLZE, 2017, p. 204.

É de se observar que a norma cria um dever geral de cautela. A inobservância desse dever, associada ao dano e diante da amarração causal, dá ensejo à obrigação reparatória. Age com culpa quem pretende causar o dano – culpa em amplo sentido, sinônimo de dolo –, ou quem age de maneira deficiente, em razão da ação negligente, imperita ou imprudente. Segundo Sérgio Cavalieri, a culpa:

> Tanto no dolo como na culpa há conduta voluntária do agente, só que no primeiro caso a conduta já nasce ilícita, porquanto a vontade se dirige à concretização de um resultado antijurídico- o dolo abrange a conduta e o efeito lesivo dele resultante-, enquanto que no segundo a conduta nasce lícita, tornando-se ilícita na medida em que se desvia dos padrões socialmente adequados.[85]

A culpa tem um amplo sentido – o dolo – quando a ação ou omissão voluntária do agente é premeditada, sendo o resultado danoso pretendido e almejado, quando o agente deseja, de fato, que o dano ocorra. Havendo dolo, há intenção.

Segundo Sérgio Cavalieri, culpa *lato sensu* é:

> [...] o elemento subjetivo da conduta humana, o aspecto intrínseco do comportamento, a questão mais relevante da responsabilidade subjetiva. E assim é porque a realização externa de um fato contrário ao dever jurídico deve corresponder de um ato interno de vontade que faça do agente a causa moral do resultado.[86]

Já Carlos Roberto Gonçalves conceitua culpa *lato sensu* da seguinte forma:

> Se a atuação desastrosa do agente é deliberadamente procurada, voluntariamente alcançada, diz-se que houve culpa *lato sensu* (dolo).[87]

Já a culpa no seu sentido estrito, caracteriza-se pela negligência, imprudência ou imperícia. Não há, por parte do agente, intenção no resultado danoso. Entretanto, há a assunção do risco, em razão de conduta negligente, imprudente ou imperita. Sobre a culpa *stricto sensu*, Carlos Roberto Gonçalves ensina:

> Se, entretanto, o prejuízo da vítima é decorrência de comportamento negligente e imprudente do autor do dano, diz-se que houve culpa *stricto sensu*.[88]

---

85 CAVALIERI, 2012, p. 32.
86 CAVALIERI, 2019, p. 47.
87 GONÇALVES, 2017, p. 373.
88 GONÇALVES, 2017, p. 373.

Pablo Stolze segue a mesma linha de raciocínio na definição da culpa *stricto sensu*:

> Se esta violação é proposital, atuou o agente com dolo; se decorreu de negligência, imprudência ou imperícia, a sua atuação é apenas culposa, em sentido estrito.[89]

Na negligência, há inobservância de normas que guiam a maneira de agir, com atenção e discernimento, por exemplo. Age com imprudência quem é açodado, precipitado, descuidado, quem atua sem cautela e segurança. Na imperícia, configura-se a ausência de aptidão e de tecnicismo para a prática de determinado ato.

É negligente o motorista que não revisa os freios do seu automóvel antes de uma longa viagem, quando sabia, ou deveria saber, que o sistema de frenagem necessitava de revisão. Ele, o motorista, não deseja causar um acidente automobilístico, mas assume o seu risco em não revisar o sistema de freios.

É imprudente o motorista que guia o seu automóvel em velocidade superior à máxima permitida em determinada via, desobedecendo a sinalização, e assumindo o risco de causar um acidente. É imperito o motorista que guia motocicleta quando apenas possui habilitação para guiar automóveis.

Quadro 13 – Culpa em sentido estrito

Negligência	Inobservância de normas que guiam a maneira de agir, com atenção e discernimento.
Imprudência	Açodamento, precipitação, descuido, atuação sem cautela e segurança.
Imperícia	Ausência de aptidão e de tecnicismo para a prática de determinado ato.

Fonte: Elaborado pelo autor.

Considerando que para os propósitos desse livro o ato ilícito e culpa são sinônimos, é necessário espelhar para a culpa o que foi dito sobre os elementos objetivo e subjetivo do ato ilícito. Ou seja, a culpa terá o seu elemento objetivo – que será a antijuridicidade –, e o seu elemento subjetivo – que será a imputabilidade.

3.1. CLASSIFICAÇÃO DA CULPA

De mais a mais, como espécies de culpa – ou mesmo classificação da culpa – é possível considerar alguns critérios, como a culpa *em função da natureza do dever violado; quanto à sua graduação; quanto ao conteúdo da conduta culposa.*

---

[89] STOLZE, 2017, p. 204.

Com base no critério da natureza do dever violado, a culpa poderá ser contratual ou extracontratual. Se fundada a culpa no descumprimento de uma obrigação cuja fonte foi um contrato, haverá a culpa contratual.

> Art. 389. Não cumprida a obrigação, responde o devedor por perdas e danos, mais juros e atualização monetária segundo índices oficiais regularmente estabelecidos, e honorários de advogado.

Por outro lado, se a culpa tem nascedouro na prática de um ato ilícito – antijurídico e imputável –, com base no art. 186 do Código Civil, haverá culpa extracontratual.

> Art. 186. Aquele que, por ação ou omissão voluntária, negligência ou imprudência, violar direito e causar dano a outrem, ainda que exclusivamente moral, comete ato ilícito.

Quanto à sua graduação, a culpa poderá ser grave, leve e levíssima. Grave é a culpa mais óbvia. Ou seja, quando o agente não percebe e verifica aquilo que seria normalmente percebido por um cidadão mediano. Seria a ausência de cuidados básicos e elementares. Para efeito de responsabilização, a culpa grave equivale ao dolo. Nessa modalidade, o culpado infringe um dever básico de diligência.

Na culpa leve se tem a inobservância de uma obrigação normal de cuidado, de vigilância, de atenção. A culpa levíssima é a que apenas pode ser evitada a partir de conhecimentos especiais, habilidades precisas sobre determinada área. Segundo Silvio Rodrigues:

> [...] ocorria a culpa grave quando a falta advinha de imprudência ou negligência seríssima, não encontrável na maioria dos homens. Muitos escritores equiparavam a culpa grave ao dolo, entendendo que os efeitos deste deviam ser comuns àquela. A culpa leve consistia na falta afastável com atenção ordinária, ou seja aquela na qual o homem comum poderia incidir, mas que um homem normalmente cuidadoso decerto evitaria. Finalmente, a culpa levíssima seria aquela só evitável por uma diligência especial, gerando falta na qual mesmo o prudente e sábio pai de família poderia incorrer.[90]

Para Pablo Stolze, a culpa se classifica como:

> a) culpa *in vigilando* — é a que decorre da falta de vigilância, de fiscalização, em face da conduta de terceiro por quem nos responsabilizamos; b) culpa *in eligendo* — é aquela decorrente da má escolha. Tradicionalmente, aponta-se como exemplo a culpa atribuída ao patrão por ato danoso do empregado ou do comitente; c) culpa *in custodiendo* — assemelha-se com a culpa in vigilando, embora a expressão seja empregada para caracterizar a culpa na guarda de coisas ou animais, sob custódia; d) culpa *in comit-*

---

[90] RODRIGUES, 1990.

tendo ou culpa *in faciendo* — quando o agente realiza um ato positivo, violando um dever jurídico; e) culpa *in omittendo*, culpa *in negligendo* ou culpa *in non faciendo* — quando o agente realiza uma abstenção culposa, negligenciando um dever de cuidado.[91]

Para Carlos Roberto Gonçalves, a culpa se classifica como:

> A culpa grave é a decorrente de uma violação mais séria do dever de diligência que se exige do homem mediano. É a que resulta de uma negligência extremada. A culpa será leve quando a falta puder ser evitada com atenção ordinária. A culpa levíssima é a falta só evitável com atenção extraordinária, com extremada cautela. A culpa *in eligendo* é a que decorre da má escolha do representante ou preposto. *In vigilando* é a que resulta da ausência de fiscalização sobre pessoa que se encontra sob a responsabilidade ou guarda do agente. *In custodiendo* é a que decorre da falta de cuidados na guarda de algum animal ou objeto.[92]

Por seu turno, Sérgio Cavalieri classifica a culpa como:

> A culpa será contratual se esse dever tiver por fonte uma relação jurídica obrigacional preexistente, isto é, um dever oriundo de contrato. Se o dever tiver por causa geradora a lei ou um preceito geral de Direito, teremos a culpa extracontratual ou aquiliana. Culpa contra a legalidade: fala-se em culpa contra a legalidade quando o dever violado resulta de texto expresso de lei ou regulamento. Culpa presumida: é quando consegue-se, por via de uma presunção, um efeito prático próximo ao da teoria objetiva. Culpa concorrente: fala-se em culpa concorrente quando, paralelamente à conduta do agente causador do dano, há também conduta culposa da vítima, de modo que o evento danoso decorre do comportamento culposo de ambos.[93]

E é justamente por isso que o parágrafo único do art. 944 do Código Civil prevê a possibilidade de o juiz reduzir equitativamente a indenização diante da grande desproporção entre o montante da indenização e o grau da culpa do agente ofensor.

> Art. 944. A indenização mede-se pela extensão do dano.
> Parágrafo único. Se houver excessiva desproporção entre a gravidade da culpa e o dano, poderá o juiz reduzir, equitativamente, a indenização.

Para Luiz Roldão de Freitas Gomes:

> Do mesmo modo, em face do Código Civil, o fato de ser leve a culpa, ou levíssima, não exclui a responsabilidade, salvo casos expressos em lei; e, sobretudo não vale nunca como atenuante. Todavia não parece justo que, no caso de culpa leve, e dano vultoso, a responsabilidade recaia inteira

---

[91] STOLZE, 2017, p. 213.
[92] GONÇALVES, 2017, p. 377-379.
[93] CAVALIERI, 2019, p. 58-61.

sobre o causador do dano. Um homem que economizou a vida toda para garantir a velhice pode, por uma leve distração, uma ponta de cigarro atirada ao acaso, vir a perder tudo o que tem, se tiver dado origem a um incêndio. E não só ele perde, mas toda a família. Notam os autores que acontecimentos trazem em si uma dose de fatalidade. E a fatalidade está em que a distração é uma lei inexorável, à qual nunca ninguém se furtou. É justamente por reconhecer isso que o legislador manda indenizar no caso de acidente do trabalho, embora ele ocorra, quase sempre, por motivo de descuido, negligência, imprudência, enfim culpa do empregado. Por estas razões é que o projeto faculta ao juiz, sem impor, que reduza a indenização. Ele o fará usando da equidade individualizadora, tendo em vista o caso concreto e as suas circunstâncias.[94]

Utiliza-se o critério quanto ao conteúdo da conduta culposa, nos casos de culpa *in comittendo, in omittendo, in eligendo, in vigilando, in custodiendo*. Nas duas primeiras, *in comittendo, in omittendo*, como o próprio nome sugere, a culpa decorre do exercício de uma ação ou de sua abstenção. Já nas culpas *in eligendo* e *in vigilando*, tem-se, na primeira, a falha pela má contratação de um preposto ou representante. A culpa *in vigilando* decorre da inobservância da obrigação de fiscalização e zelo pelas pessoas sob a guarda ou responsabilidade do agente. Por último, a culpa *in custodiendo* se refere à inobservância da obrigação de fiscalização e zelo por animais e coisas que estão sob a responsabilidade do agente.

Quadro 14 – Classificação da Culpa

Em função da natureza do dever violado	Contratual
	Extracontratual
Quanto à sua graduação	Grave
	Leve
	Levíssima
Quanto ao conteúdo da conduta culposa	*in comittendo*
	in omittendo
	in eligendo
	in vigilando
	in custodiendo

Fonte: Elaborado pelo autor.

---

[94] GOMES, 2000, p. 66-67.

4. O DANO

O dano representa um prejuízo efetivo sofrido pela vítima, caracterizando-se como uma verdadeira lesão de natureza pecuniária ou extrapatrimonial, oriunda do descumprimento de um contrato ou a partir da prática de uma conduta contrária à norma jurídica.[95]

O dano poderá ser individual, prejudicando a vítima na esfera patrimonial e extrapatrimonial, como também coletivo, igualmente atingindo a coletividade nessas duas esferas. Para Pablo Stolze:

> Nesses termos, é possível conceituar o dano (ou prejuízo) como lesão a um interesse jurídico tutelado – patrimonial ou não – causado por ação comissiva ou omissiva do infrator.[96]

Sérgio Cavalieri utiliza a seguinte conceituação de dano:

> Correto, portanto, conceituar o dano como sendo lesão a um bem ou interesse juridicamente tutelado, qualquer que seja a sua natureza, quer se trate de um bem patrimonial, quer se trate de um bem integrante da personalidade da vítima, como a sua honra, a imagem, a liberdade etc. Em suma, dano é lesão de um bem jurídico, tanto patrimonial como moral, vindo daí a conhecida divisão de dano em patrimonial e moral.[97]

É importante destacar que o dano pode ser considerado como o elemento mais importante da "equação" da responsabilidade civil, simplesmente porque sem dano, ou seja, sem prejuízo efetivo – de natureza patrimonial ou extrapatrimonial –, não há de se falar em reparação. Nesse diapasão, convém relembrar que o art. 944 do Código Civil estabelece que a indenização se mede pela extensão do dano. Segundo Bruno Nubens Barbosa Miragem:

> É pressuposto constitutivo da relação obrigacional de responsabilidade civil a existência de um dano. Porém, não de qualquer dano. Costuma-se referir ao dano injusto como aquele que preenche as condições para despertar a eficácia de indenização. Por dano injusto entende-se aquele causado por interferência externa, de outra pessoa, a partir da violação de direito da vítima, de modo a causar lesão ao patrimônio ou à pessoa. O que torna o dano indenizável é o fato de decorrer de uma conduta antijurídica.[98]

---

[95] Súmula 37, do STJ: São cumuláveis as indenizações por dano material e dano moral oriundos do mesmo fato.

[96] STOLZE, 2017, p. 94.

[97] CAVALIERI, 2019, p. 104.

[98] MIRAGEM, 2015.

E é por isso que para ser indenizável o dano precisa contemplar alguns requisitos. Primeiramente, deverá configurar uma deterioração ou destruição de um bem jurídico, material ou moral, que pertença ao lesado. A deterioração ou a destruição devem ser certas, devidamente configuradas, como também o dano deverá ser subsistente no momento no qual a vítima pleiteia a indenização. Ou seja, será indenizável o dano atual e que, de fato, causar um prejuízo à vítima, no campo patrimonial e/ou extrapatrimonial. Pablo Stolze elenca os requisitos do dano, quais sejam:

> a) a violação de um interesse jurídico patrimonial ou extrapatrimonial de uma pessoa física ou jurídica — obviamente, todo dano pressupõe a agressão a um bem tutelado, de natureza material ou não, pertencente a um sujeito de direito.
> b) certeza do dano — somente o dano certo, efetivo, é indenizável. Ninguém poderá ser obrigado a compensar a vítima por um dano abstrato ou hipotético. Mesmo em se tratando de bens ou direitos personalíssimos, o fato de não se poder apresentar um critério preciso para a sua mensuração econômica não significa que o dano não seja certo.
> c) subsistência do dano — quer dizer, se o dano já foi reparado, perde-se o interesse da responsabilidade civil. O dano deve subsistir no momento de sua exigibilidade em juízo, o que significa dizer que não há como se falar em indenização se o dano já foi reparado espontaneamente pelo lesante.[99]

Pode-se afirmar que o *prejuízo efetivo*, a *certeza* e a *atualidade* são requisitos do dano indenizável, conforme o Quadro 15 a seguir.

Quadro 15 – Requisitos do Dano Indenizável

Requisitos do dano indenizável	Prejuízo efetivo
	Certeza
	Atualidade

Fonte: Elaborado pelo autor.

Dessa maneira, por exemplo, de um acidente de trânsito podem surgir a vítima danos de natureza patrimonial, concernentes ao conserto do veículo, como também de esfera moral, considerando-se que, em decorrência do sinistro, a vítima tenha perdido a sua solenidade de colação de grau no curso de direito e, ainda, sofrido ferimentos que deixaram cicatrizes no seu corpo – dano estético. Desse exemplo, extrai-se o requisito do *prejuízo efetivo*, sendo certo que – para ser indenizável, tais prejuízos devem ser demonstrados pela vítima (a *certeza do dano*) –, tanto os patrimoniais quanto os extrapatrimoniais, desde que não se configure hipótese de *presunção* de dano.

---

[99] GAGLIANO, 2017, p. 97-99.

Quando se fala em *atualidade* como requisito do dano indenizável, pretende-se dizer que o prejuízo deve ser contemporâneo ao momento em que a vítima pede o ressarcimento, a reparação. O dano já indenizado, portanto, não é passível de novo pedido de reparação.

Saliente-se que não se deve confundir a necessidade da *atualidade* do dano indenizável com a possibilidade do dano de se projetar no futuro, ou seja, o dano poderá ser atual ou futuro (ou potencial), quando, por exemplo, em razão de um acidente a vítima tem sua capacidade motora reduzida e, assim, consequentemente, reduz a sua capacidade laborativa. O dano potencial só será indenizável se for *certo, inevitável e previsível da ação*, conforme aponta Maria Helena Diniz.[100]

Já o dano presumido será aquele que dispensa a prova do prejuízo efetivo, bastando a demonstração da inadimplência da obrigação convencionada. Ou seja, constatada a inadimplência, presume-se o dano, sem a necessária demonstração do prejuízo sofrido.

Segundo Sérgio Cavalieri, dano presumido:

> Se a ofensa é grave e de repercussão, por si só justifica a concessão de uma satisfação de ordem pecuniária ao lesado. Compreende-se que assim seja porque a lesão ou gravame no plano moral não se materializa no mundo físico, por essa razão prescindindo de provas. Mas o fato gravoso e os reflexos que a sua potencialidade ofensiva irradia terão que ser comprovados.[101]

4.1. DANO DIRETO E INDIRETO

Ainda é possível se falar em dano direto e indireto. Tal tema está diretamente ligado à causalidade, que é o terceiro elemento da "equação" da responsabilidade civil. Será direto o dano imediatamente decorrente da ação, o seu fato gerador. No dano direto o elo entre motivo (a ação) e a consequência (o dano) é imediato.

Já o dano indireto será uma consequência superveniente do dano imediato, ou direto, que lhe agrava a situação. O dano indireto seria o "adjetivo" da sentença, ao passo que o direto seria o "substantivo". Para Bruno Nubens Barbosa Miragem:

> Danos diretos são aqueles que se configuram como resultado imediato do fato lesivo (conduta antijurídica). Já o dano indireto é aquele que, não sendo resultado imediato do fato lesivo, é produzido pela intercorrência de outra condição que soma à causa original do dano.

---

[100] DINIZ, 2010, p 69.
[101] CAVALIERI, 2019, p. 127.

Já o dano moral indireto ocorre quando há uma lesão específica a um bem ou interesse de natureza patrimonial, mas que, de modo reflexo, produz um prejuízo na esfera extrapatrimonial, como é o caso, por exemplo, do furto de um bem com valor afetivo ou, no âmbito do direito do trabalho, o rebaixamento funcional ilícito do empregado, que, além do prejuízo financeiro, traz efeitos morais lesivos ao trabalhador.[102]

Importante é a distinção entre danos diretos e indiretos. Segundo Carlos Alberto Bittar:

> Por dano direto, ou mesmo por dano indireto, é possível haver titulação jurídica para demandas reparatórias. Titulares diretos são, portanto, aqueles atingidos de frente pelos reflexos danosos, enquanto indiretos os que sofrem, por consequência, esses feitos (assim, por exemplo, a morte do pai provoca dano moral ao filho; mas o ataque lesivo à mulher pode ofender marido, o filho ou a própria família, suscitando-se, então, ações fundadas em interesses indiretos.[103]

A partir da transcrição de Carlos Alberto Bittar se conclui que de um dano patrimonial direto a vítima igualmente pode sofrer um dano moral indireto, quando, por exemplo, em razão do prejuízo que diretamente atingiu o seu patrimônio, não realizou o pagamento das taxas do seu condomínio e, portanto, teve seu nome inserido na lista de inadimplentes. Segundo Sérgio Cavalieri, dano direto é:

> É a lesão produzida imediatamente no bem jurídico, permitindo uma pronta aferição do seu conteúdo e extensão. Corresponde à lesão causada pela conduta do ofensor a bem jurídico da vítima. Em outras palavras, são diretos os danos alegados pela vítima quando provocado pelo fato imputado ao agente responsável.[104]

Já o dano indireto, para o mesmo autor, ocorre quando:

> Em síntese, quando a um primeiro fato desencadeador de uma relação causal sobrevém novo fato que faz surgir uma nova consequência, teremos o chamado dano indireto, pelo qual, via de regra, não responde o primeiro desencadeador da relação causal.[105]

Na mesma linha de raciocínio, tem-se que de um dano moral direto, pode a vítima sofrer um dano patrimonial indireto, o que pode ser exemplificado numa situação na qual o lesado perde o seu emprego em decorrência de uma notícia caluniosa e, portanto, amarga uma perda no

---

[102] MIRAGEM, 2015.
[103] BITTAR, 1982, p. 148.
[104] CAVALIERI, 2019, p. 150.
[105] CAVALIERI, 2019, p. 151.

seu patrimônio. Pode-se pensar, também, no caso de uma modelo profissional que sofre um dano estético, inabilitando-lhe para as suas usuais atividades profissionais. Além do dano estético, sofreu também um dano moral e, indiretamente, um dano ao seu patrimônio, porque não mais terá a habitual receita decorrente das suas atividades como modelo.

Todavia, é certo que a distinção entre dano direto e indireto também pode ser feita em razão da pessoa lesada. Quando o lesado direto é a vítima – lesado imediato –, tem-se, naturalmente, um dano direto. Mas, quando da ação danosa, consequências lesantes atingem não apenas a vítima direta, mas também terceiros – lesados mediatos –, tem-se o dano indireto. É o chamado de dano reflexo ou em ricochete, expressão oriunda da doutrina francesa.

Existem também os danos causados por concausas sucessivas: digamos que um marginal arremessou uma pedra na janela de um apartamento de primeiro andar, quebrando a vidraça. Em razão das fortes chuvas que caiam na noite na qual a pedra foi arremessada, a sala do apartamento ficou parcialmente alagada, danificando obras de arte que foram deixadas no piso do apartamento pelo proprietário.

O dano material pela quebra da vidraça é direto, enquanto que o prejuízo sofrido nas obras de arte é indireto. Para entender o alcance da responsabilidade, nesse caso hipotético, necessário recorrer à teoria dos danos diretos e imediatos, que justifica que haverá nexo de causalidade sempre que houver uma consequência danosa direta e imediata da ação praticada. Havendo concurso de ações sucessivas, cada agente responderá pelo seu ato.

Quadro 16 – Dano direto e dano indireto

Dano direto	Sofrido diretamente pela vítima
Dano indireto	Sofrido pela vítima por consequência

Fonte: Elaborado pelo autor.

4.2. DANO REFLEXO

Em determinadas situações, o dano atinge não apenas o lesado imediato, ou direto, mas também terceiros, mediatamente, ou indiretamente. Tal dano indireto ou mediato também é chamado de dano reflexo ou em/por ricochete. Os lesados mediatamente são terceiros que mantinham relação de dependência com o lesado direto, ou lesado imediato. Para Bruno Nubens Barbosa Miragem:

A legislação brasileira admite expressamente o dano reflexo ou por ricochete no caso de morte da vítima que gere consequência em relação aos familiares, em relação ao dano patrimonial (art. 948, II, do Código Civil), reconhecendo a pretensão de alimentos daqueles a quem o morto era obrigado ao sustento. O mesmo ocorre – conforme a jurisprudência – em relação ao dano extrapatrimonial reflexo ou por ricochete decorrente da morte da vítima.[106]

Teriam os lesados indiretamente, ou por ricochete, legitimidade para pleitear uma indenização? Imagine-se o exemplo de um transeunte que caminha numa movimentada avenida de uma grande capital e, lamentavelmente, presencia um grave atropelamento na via pública, levando a vítima a óbito. Tal imagem, do atropelamento, dos primeiros socorros realizados na vítima, da notícia do seu passamento, abalaram o transeunte sobremaneira, eis ter sido a primeira vez que presenciou um fato tão grave.

Teria o transeunte direito à indenização por danos morais em face do condutor do veículo que atravessou o sinal de trânsito e atropelou a vítima? A resposta é negativa, porque a lei apenas considera como lesado indireto aquele que tem uma relação ou vinculação com o lesado direto. Pablo Stolze conceitua o dano reflexo como:

> Conceitualmente, consiste no prejuízo que atinge reflexamente pessoa próxima, ligada à vítima direta da atuação ilícita. É o caso, por exemplo, do pai de família que vem a perecer por descuido de um segurança de banco inábil, em uma troca de tiros. Note-se que, a despeito de o dano haver sido sofrido diretamente pelo sujeito que pereceu, os seus filhos, alimentandos, sofreram os seus reflexos, por conta da ausência do sustento paterno.[107]

Nessa linha, há jurisprudência do Superior Tribunal de Justiça[108] determinando que sejam, além da vítima direta, indenizados por danos indiretos o herdeiro, o cônjuge, o companheiro, os noivos, os membros da família, o sócio, o empregado, por exemplo.[109]

---

106 MIRAGEM, 2015.

107 STOLZE, 2017, p. 105

108 RESPONSABILIDAE CIVIL DO ESTADO. REPARAÇÃO DE DANOS CAUSADOS EM ACIDENTE DE VEÍCULOS. MORTE DE MENOR. DANO MORAL. TRANSMISSÃO DO DIREITO DE AÇÃO AOS SUCESSORES. I – A cumulação das indenizações por dano patrimonial e por dano moral é cabível, porquanto lastreadas em fundamentos diversos, ainda que derivados do mesmo fato. II – o direito de ação por dano moral é de natureza patrimonial e, como tal, transmite-se aos sucessores da vítima. III – Recurso Especial conhecido, mas desprovido. (STJ – 2ª T – Resp 11.735 – Rel. Min. Antônio de Pádua Ribeiro – DJU 13.12.93).

109 Conforme art. 1.612, do Código Civil de 1916.

O dano reflexo está expressamente previsto no art. 948, II, do Código Civil, quando trata da obrigação de prestação de alimentos e custeio do pagamento das despesas com o tratamento da vítima, seu funeral e o luto da família às pessoas a quem o morto os devia, levando-se em conta a duração provável da vida da vítima.

> Art. 948. No caso de homicídio, a indenização consiste, sem excluir outras reparações:
> I – no pagamento das despesas com o tratamento da vítima, seu funeral e o luto da família;
> II – na prestação de alimentos às pessoas a quem o morto os devia, levando-se em conta a duração provável da vida da vítima.

Interessante que até mesmo o nascituro que, naturalmente, não chegou a conhecer o seu pai, tem legitimidade para pleitear reparação pela morte do seu ascendente. Fato é que o nascituro poderá pleitear indenização pelos danos que vier a sofrer, na natureza patrimonial e extrapatrimonial.

É necessário destacar que o dano reflexo não apenas terá lugar em caso de morte,[110] mas sempre que representar um prejuízo, material e/ou extrapatrimonial, a quem seja vinculado a vítima imediata. Imagine-se, por exemplo, uma grande e injusta ofensa à honra de uma mãe de família que reflete da vida dos seus filhos em idade de frequentar o ensino escolar, rendendo-lhes apelidos injuriosos. O *bullying* decorrente dessa ofensa injusta configuraria um dano reflexo. A lesada direta foi a mãe, os lesados em reflexo os seus filhos.

4.3. DANO MATERIAL

O dano material ou patrimonial será aquele que acarretar uma lesão ao patrimônio da vítima. Por patrimônio, compreende-se a totalidade dos bens disponíveis/utilizáveis de uma pessoa. A partir do dano material se tem uma deterioração ou perda de um bem, economicamente apreciável. Segundo Bruno Nubens Barbosa Miragem:

> Os danos patrimoniais se caracterizam por um prejuízo econômico, decorrente de uma diminuição imediata do patrimônio da vítima ou o impedimento de obtenção de vantagem futura que, se não fosse a conduta antijurídica do agente, razoavelmente poderia esperar obter.[111]

O dano material é aferido pela subtração do patrimônio da vítima. Quanto o lesado perdeu, ou quanto deixou de ganhar, em razão do

---

[110] E é esse o entendimento do Enunciado n. 560 do Conselho de Justiça Federal: "No plano patrimonial, a manifestação do dano reflexo ou por ricochete não se restringe às hipóteses previstas no art. 948 do Código Civil." Cf.: STOLZE, 2017, p.107

[111] MIRAGEM, 2015.

dano? Esse questionamento direcionará à análise do prejuízo que configura o dano patrimonial.

Desse questionamento, também, extrai-se a divisão do dano patrimonial, em razão daquilo que se perdeu efetivamente – dano emergente – ou daquilo que o lesado deixou de ganhar em razão do dano – lucro cessante.

4.4. DANO EMERGENTE E LUCRO CESSANTE

Do art. 402 do Código Civil se extrai os conceitos de dano emergente e de lucro cessante. O primeiro representa um dano positivo, o que a vítima realmente perdeu em razão do dano. O efetivo decréscimo do patrimônio da vítima. Já o lucro cessante constitui um dano negativo, porque representa aquilo que a vítima deixou de ganhar em razão do dano.

> Art. 402. Salvo as exceções expressamente previstas em lei, as perdas e danos devidas ao credor abrangem, além do que ele efetivamente perdeu, o que razoavelmente deixou de lucrar.

Para Bruno Nubens Barbosa Miragem:

> A distinção entre danos certos e eventuais é relevante. Ademais, porque apenas os danos certos são indenizáveis. São danos certos aqueles verificáveis desde logo, pela diminuição efetiva havida no patrimônio da vítima (dano emergente) ou da demonstração de ter violado a atributo da personalidade (dano extrapatrimonial), bem como vantagem que se apure ter sido frustrada em razão da intervenção do ofensor, de modo a alterar a evolução ordinária dos fatos (lucros cessantes).[112]

O dano emergente pressupõe um real empobrecimento da vítima, por prejuízo que ataca o seu patrimônio. O prejuízo será instrumentalizado a partir da destruição, total ou parcial, e/ou da privação do uso, por exemplo, de um bem. Portanto, o dano emergente representa uma imediata diminuição do patrimônio da vítima. Via de regra, o dano emergente é de mais fácil verificação, porque a sua avaliação depende de dados concretos. Por exemplo, num sinistro de trânsito, o dano emergente seria o valor do prejuízo causado no veículo da vítima.

Já no lucro cessante, ou dano material negativo, tem-se uma privação de ganho da vítima em razão do prejuízo. Nele, a vítima, deixa de aferir vantagem que comumente receberia se o dano não tivesse sido causado. Exemplo clássico do lucro cessante é o do motorista de táxi que, em razão de acidente de trânsito, deixa o carro no conserto por alguns dias e, por isso, deixa de ganhar a renda gerada pelo carro nos dias em que o veículo estiver parado.

---

[112] MIRAGEM, 2015.

Em palavras práticas, o lucro cessante representa o que a vítima deixou de ganhar, de lucrar em razão do dano. Nem sempre o dano emergente vem acompanhado de um lucro cessante. Imagine-se, por exemplo, no caso do parágrafo anterior, que o veículo da vítima fosse um táxi, e que o automóvel ficará quinze dias sem circular, prazo necessário para o conserto. Digamos que a média de lucro diário do taxi seja de R$ 150,00 (cento e cinquenta reais), ou seja, o lucro cessante será de R$ 150,00 x 15. O dano material, de uma forma composta, será o somatório do dano emergente – valor do prejuízo (do conserto do taxi, em razão do hipotético sinistro de trânsito) –, mais R$ 150,00 x 15 – lucro cessante.

Geralmente, a quantificação do lucro cessante é mais complexa do que a do dano emergente, diante da necessidade de verificação daquilo que o lesado deixou de ganhar.

A partir desse exemplo, tem-se o dano emergente no valor correspondente ao conserto do carro, dano material positivo, e o lucro cessante naquilo que o motorista do taxi deixou de ganhar – dano material negativo.

Quadro 17 – Dano Material

Dano emergente (+) Dano positivo	O que se perde em razão do evento
Lucro cessante (-) Dano negativo	O que se deixa de ganhar em razão do evento

Fonte: Elaborado pelo autor.

4.5. PERDA DE UMA CHANCE

E é da ideia de dano material negativo, ou lucro cessante – o que se deixa de ganhar em razão do dano, que se extrai a doutrina da perda de uma chance. Tal se dá quando em razão de uma ação ou omissão voluntaria, a vítima perde a oportunidade – a chance – de praticar determinado ato, desde que haja grande probabilidade de êxito se a chance não houvesse sido retirada.

A perda da chance nasce quando se retira a oportunidade de disputar a obtenção de um determinado êxito, quando a sua probabilidade era efetiva e existente. Ou seja, seria muito provável que o êxito tivesse ocorrido se a chance não houvesse sido suprimida, caso a oportunidade não houvesse sido sonegada da vítima.

Na perda de uma chance, a vítima tem a sua possibilidade de ganho retirada, suprimida, sonegada, injustamente. Além disso, para que seja aplicada a teoria da perda de uma chance, deve existir uma alta probabilidade de êxito e sucesso caso a oportunidade não houvesse sido retirada da vítima.

Imagine-se que a parte autora em determinada ação judicial perde a chance de ter seu processo discutido em segunda instância porque o advogado não recorreu no prazo correto, considerando-se que o tribunal de destino do recurso possui entendimento pacífico e favorável à tese sustentada pelo autor. Ou seja, a incúria do advogado retirou do autor a oportunidade de lograr êxito na sua ação judicial, eis que a probabilidade de vitória seria altíssima porque a jurisprudência do tribunal é totalmente favorável à tese do autor.

Para situações como essa, onde uma oportunidade é retirada, e havendo a demonstração de que se não houvesse sido, teria a vítima grande e demonstrada probabilidade de êxito, caberá a obrigação de indenizar com fundamento na teoria da perda de uma chance. Assim, pode-se dizer que a perda de uma chance representa uma modalidade de lucro cessante, enquanto modalidade de dano material negativo, nada obstando, no entanto, que a perda de uma chance também dê ensejo a um dano extrapatrimonial. Para Bruno Miragem:

> Como já se mencionou, são principalmente duas as situações que importam em responsabilidade por perda da chance. A primeira diz respeito à perda da chance de obtenção de uma vantagem futura, causada pela conduta antijurídica do agente. A conduta antijurídica interrompe um processo causal que deveria levar à chance de obtenção de vantagem, de modo que não é possível saber se de fato tal situação viria a se efetivar. [...] Pode ocorrer, contudo, que dessa mesma conduta resulta não a chance de obter vantagem, mas de evitar um prejuízo futuro. [...] No segundo caso, em que o dano que poderia ser evitado não o foi em decorrência da chance perdida, há danos emergentes indenizáveis.[113]

Na perda de uma chance, o desafio do magistrado será verificar se, de fato, havia no caso concreto posto sob o seu crivo alto grau de probabilidade de sucesso caso a oportunidade não houvesse sido frustrada pela prática de um ato ilícito.

Na perda de uma chance a indenização será mensurada pela perda da oportunidade de concorrer, mas não pelo benefício que seria obtido caso a chance não fosse frustrada. Isso porque na ação de indenização decorrente de ato ilícito que lhe retira chance, a vítima deverá buscar a reparação do prejuízo de não concorrer, mas não a obtenção da vantagem que teria caso a chance não lhe tivesse sido retirada.

---

[113] MIRAGEM, 2015.

4.6. DANO MORAL

Por dano moral se entende os prejuízos causados a pessoas naturais ou jurídicas[114] na sua esfera não patrimonial, lesando, portanto, o interesse da vítima em esfera extrapatrimonial. É o dano que lesa a vítima como pessoa. Segundo Antônio Rocchi Júnior:

> Entende-se por dano moral tudo aquilo que traz sofrimento de ordem extra-física, que atinge o âmbito psicológico, são os danos experimentados por algum titular de direito, os quais podem atingir uma esfera íntima como também social, seja no que tange a reputação, conceituação, dentre outros, por força de ações ou omissões, injustas de outrem, tais como cobranças em público, dissipação de falsos boatos, revelação de um segredo íntimo, dentre outras tantas manifestações vexatórias que podem surgir no relacionamento social. Enfim, é tudo aquilo capaz de acarretar vergonha, medo, conversas sorrateiras e olhares de condenação, seja por um falso fato ou não.[115]

Não se deve relacionar o dano moral à dor, ao descontentamento, à humilhação, por exemplo, tendo em vista que a norma jurídica apenas protege a vítima que tenha um interesse envolvido, tutelando, portanto, apenas a vítima e os lesados indiretos. Para Carlos Roberto Gonçalves, dano moral é:

> Dano moral é o que atinge o ofendido como pessoa, não lesando seu patrimônio. É lesão de bem que integra os direitos da personalidade, como a honra, a dignidade, a intimidade, a imagem, o bom nome etc., como se infere dos arts. 1º, III, e 5º, V e X, da Constituição Federal, e que acarreta ao lesado dor, sofrimento, tristeza, vexame e humilhação.[116]

Já Pablo Stolze, conceitua o dano moral como:

> O dano moral consiste na lesão de direitos cujo conteúdo não é pecuniário, nem comercialmente redutível a dinheiro. Em outras palavras, podemos afirmar que o dano moral é aquele que lesiona a esfera personalíssima da pessoa (seus direitos da personalidade), violando, por exemplo, sua intimidade, vida privada, honra e imagem, bens jurídicos tutelados constitucionalmente.[117]

O dano moral viola direitos cujos conteúdos não são patrimoniais, mas que afetam os direitos da personalidade da vítima, como intimidade, vida, corpo, honra e imagem.

---

114 Art. 52. Aplica-se às pessoas jurídicas, no que couber, a proteção dos direitos da personalidade.
Súmula 227 do STJ: A pessoa jurídica pode sofrer dano moral.
115 ROCCHI JÚNIO, 2015.
116 GONÇALVES, 2017, p. 446.
117 GAGLIANO, Pablo Stolze. Responsabilidade Civil 3. 15ª Ed. São Paulo. Saraiva 2017, p. 117.

Nesse contexto, pode-se afirmar que o dano moral viola direitos da personalidade. R. Limongi França divide os direitos da personalidade entre os ligados à integridade física, intelectual e moral do seu titular. Como direitos da personalidade relacionados à integridade física, o referido autor considera "[...] direito à vida, aos alimentos, ao próprio corpo vivo ou morto, ao corpo alheio vivo ou morto."[118]

Já quanto aos relacionados à integridade intelectual, o referido autor enumera:

> A liberdade de pensamento, a autoria científica, artística e literária e a atuação de esportista participante ou não em espetáculo público.[119]

Quanto aos direitos da personalidade entre os ligados à integridade moral do seu titular, R. Limongi França menciona:

> A honra, a honorificência, o recato, o segredo pessoal, domestico, político, religioso e profissional, a imagem, a identidade pessoal, familiar e social, a liberdade civil, política e religiosa, a segurança moral, a intimidade, o aspecto moral da estética humana, a identidade sexual, o nome, o título, o pseudônimo, a alcunha.[120]

Os comentários concernentes à reparação do dano moral serão tratados no capítulo "Reparação do dano" desse livro, específico sobre reparação.

4.7. DANO PRESUMIDO (*IN RE IPSA*)

O dano, em determinadas situações, será presumido. Ou seja, a vítima não precisará provar o prejuízo efetivo, mas apenas o cometimento, pelo lesante, do ato ilícito.

Nos casos de dano moral presumido, o lesado deverá demonstrar o cometimento, pelo lesante, do ato ilícito, mas não os prejuízos dele decorrentes. O ato ilícito, por si só, será capaz de gerar a obrigação de reparar, independentemente da prova do prejuízo. São os chamados danos *in re ipsa*.[121]

---

[118] FRANÇA, 1975, p. 411.

[119] FRANÇA, 1975, p. 411.

[120] FRANÇA, 1975, p. 411.

[121] Nesse sentido, a jurisprudência do Superior Tribunal de Justiça. No entanto, a jurisprudência não tem mais considerado este um caráter absoluto. Em 2008, ao decidir sobre a responsabilidade do estado por suposto dano moral a uma pessoa denunciada por um crime e posteriormente inocentada, a Primeira Turma entendeu que, para que "[...] se viabilize pedido de reparação, é necessário que o dano moral seja comprovado mediante demonstração cabal de que a instauração do procedimento se deu de forma injusta, despropositada, e de má-fé" (REsp 969.097). Em outro caso, julgado em 2003, a Terceira Turma entendeu que, para que se viabilize

A presunção do dano é de larga aplicação nos casos de dano moral, devendo a vítima demonstrar – apenas – o cometimento do ilícito. Ou seja, a vítima, ao pleitear reparação sob a "rubrica" do dano moral, deverá demonstrar o fato, mas a prova do prejuízo decorrente do fato será desnecessária. É o que se denomina de *in re ipsa*. A existência do ato ilícito será suficiente à caracterização do dano. Conforme Carlos Roberto Gonçalves, dano moral presumido:

> O dano moral, salvo casos especiais, como o de inadimplemento contratual, por exemplo, em que se faz mister a prova da perturbação da esfera anímica do lesado, dispensa prova em concreto, pois se passa no interior da personalidade e existe *in re ipsa*. Trata-se de presunção absoluta. Desse modo, não precisa a mãe comprovar que sentiu a morte do filho; ou o agravado em sua honra demonstrar em juízo que sentiu a lesão; ou o autor provar que ficou vexado com a não inserção de seu nome no uso público da obra, e assim por diante[122].

Segundo Sérgio Cavalieri, dano moral presumido:

> O dano moral nesse caso existirá in re ipsa, decorrerá inexoravelmente do próprio fato ofensivo, de tal modo que, provada a ofensa, ipso facto estará demonstrado o dano moral à guisa de uma presunção natural, uma presunção hominis ou facti que decorre das regras da experiência comum[123].

Nas obrigações contratuais, por exemplo, havendo mora na obrigação de pagar, fará jus, o credor, a juros moratórios, mesmo que não demonstre nenhum prejuízo efetivo, porque tal situação configura hipótese de presunção de dano.

pedido de reparação fundado na abertura de inquérito policial, é necessário que o dano moral seja comprovado. A prova, de acordo com o relator, ministro Castro Filho, surgiria da "[...] demonstração cabal de que a instauração do procedimento, posteriormente arquivado, se deu de forma injusta e desproposidata, refletindo na vida pessoal do autor, acarretando-lhe, além dos aborrecimentos naturais, dano concreto, seja em face de suas relações profissionais e sociais, seja em face de suas relações familiares" (REsp 494.867). A doutrina defende que o dano moral é provado *in re ipsa*. No caso do dano *in reipsa*, o próprio fato já configura o dano. No STJ, é consolidado o entendimento de que "[...] a própria inclusão ou manutenção equivocada configura o dano moral *in re ipsa*, ou seja, dano vinculado à própria existência do fato ilícito, cujos resultados são presumidos" (Ag 1.379.761). Esse foi também o entendimento da Terceira Turma, em 2008, ao julgar um recurso especial envolvendo a Companhia Ultragaz S/A e uma microempresa (REsp 1.059.663). No julgamento, ficou decidido que a inscrição indevida em cadastros de inadimplentes caracteriza o dano moral como presumido e, dessa forma, dispensa a comprovação mesmo que a prejudicada seja pessoa jurídica.

122 GONÇALVES, 2017, p. 460.

123 CAVALIERI, 2019, p. 127.

> Art. 404. As perdas e danos, nas obrigações de pagamento em dinheiro, serão pagas com atualização monetária segundo índices oficiais regularmente estabelecidos, abrangendo juros, custas e honorários de advogado, sem prejuízo da pena convencional.
> Parágrafo único. Provado que os juros da mora não cobrem o prejuízo, e não havendo pena convencional, pode o juiz conceder ao credor indenização suplementar.

Tal também se aplica à incidência da cláusula penal.

> Art. 416. Para exigir a pena convencional, não é necessário que o credor alegue prejuízo.
> Parágrafo único. Ainda que o prejuízo exceda ao previsto na cláusula penal, não pode o credor exigir indenização suplementar se assim não foi convencionado. Se o tiver sido, a pena vale como mínimo da indenização, competindo ao credor provar o prejuízo excedente.

Por exemplo, no dano à imagem, bastará o fato de mero uso não autorizado da imagem da pessoa como suficiente para caracterizar a lesão. Ou seja, independentemente da comprovação da existência de prejuízos patrimoniais ou morais da pessoa da vítima, haverá o reconhecimento do dano.

Dano *in re ipsa* significa aquele que independe da demonstração do prejuízo da vítima, segundo Bruno Miragem:

> É consagrada na jurisprudência brasileira essa presunção de dano, sendo desnecessário ao titular da imagem divulgada sem autorização provar a existência de prejuízo efetivo. Outro entendimento, minoritário, considera essa presunção relativa, podendo o ofensor demonstrar que, mesmo tendo havido a violação do direito, esta teria resultado vantagens para a pessoa titular da imagem. Considere-se, contudo, que, em se tratando de atributo da personalidade, não se deverá admitir o afastamento da presunção de dano pelo simples fato de o titular da imagem vir a obter vantagens patrimoniais do seu uso não autorizado. A presunção de afetação anímica decorrente do uso não autorizado permanece.[124]

4.8. DANO ESTÉTICO

E é nesse cenário que o Código Civil, nos arts. 949 a 951, tutela a proteção do corpo humano, dando ensejo, igualmente, à tutela jurídica do dano estético. Para a caracterização do dano estético será necessária uma deformidade no corpo humano, que justamente reflete na estética.

> Art. 949. No caso de lesão ou outra ofensa à saúde, o ofensor indenizará o ofendido das despesas do tratamento e dos lucros cessantes até ao fim da convalescença, além de algum outro prejuízo que o ofendido prove haver sofrido.

---

[124] MIRAGEM, 2015.

> Art. 950. Se da ofensa resultar defeito pelo qual o ofendido não possa exercer o seu ofício ou profissão, ou se lhe diminua a capacidade de trabalho, a indenização, além das despesas do tratamento e lucros cessantes até ao fim da convalescença, incluirá pensão correspondente à importância do trabalho para que se inabilitou, ou da depreciação que ele sofreu.
> Parágrafo único. O prejudicado, se preferir, poderá exigir que a indenização seja arbitrada e paga de uma só vez.
> Art. 951. O disposto nos arts. 948, 949 e 950 aplica-se ainda no caso de indenização devida por aquele que, no exercício de atividade profissional, por negligência, imprudência ou imperícia, causar a morte do paciente, agravar-lhe o mal, causar-lhe lesão, ou inabilitá-lo para o trabalho.

Ou seja, será estético o dano que ocasionar alguma deformação no corpo humano e que, consequentemente, resultar à vítima humilhação, vexame, vergonha, tristeza. Entendemos que o dano estético é uma modalidade própria de dano, mas não apenas uma extensão do dano moral, porque o dano estético possui qualidades próprias como modalidade individual de dano. Pablo Stolze assim define o dano estético:

> [...] espécie de dano, é possível identificá-la como uma lesão ao direito constitucional de imagem, na forma mencionada no inciso V do art. 5.º da Constituição Federal de 1988 ("V — é assegurado o direito de resposta, proporcional ao agravo, além da indenização por dano material, moral ou à imagem").[125]

O Superior Tribunal de Justiça[126] corrobora o entendimento da perspectiva de Stolze quando contempla a possibilidade de cumulação do dano estético com o dano moral. Por sua vez, Sergio Iglesias define o dano estético como sendo:

> [...] um dano de caráter da personalidade, ou, para a maioria dos doutrinadores, um dano moral, e na maioria das vezes, também um dano material; mas se dele somente advierem prejuízos de ordem econômica pode-se, quando muito, falar em ofensa passageira à estética pessoal ou um dano estético transitório, pois, para nós, para que exista tal tipo de lesão é necessária, pelo menos, a existência de um sofrimento de ordem imaterial ou moral.[127]

---

125 STOLZE, 2017, p. 104-105.

126 BRASIL. Superior Tribunal de Justiça. REsp 116.372/MG. Quarta Turma. Relator: Ministro Sálvio de Figueiredo Teixeira, Quarta Turma, Data de Publicação: 02/02/1998.

127 IGLESIAS, 2002.

O dano estético sempre será ao corpo humano, modificando a sua estética original, mediante uma deformidade, cujos traços deverão ser aparentes e permanentes, em que pese a possibilidade de melhoramento a partir de tratamentos. Aplica-se o conceito de dano estético aos casos de marcas e outros defeitos físicos que marquem o corpo humano e causem à vítima desgosto, não sendo necessário que tais marcas causem espanto ou repugnância.

Ainda, a partir de um dano estético podem ser gerados danos patrimoniais e danos morais. Também, quanto a isso, nada obsta que de um mesmo evento amargue a vítima danos materiais e morais, cumulativamente. Bruno Miragem tem a seguinte conclusão:

> Recorde-se, igualmente, a possibilidade de cumulação de indenização por dano moral em sentido estrito (sofrimento, dor ou contrariedade) e o dano estético. Note-se que o dano estético refere-se à natureza da lesão, cuja consequência pode se dar por danos tanto patrimoniais quanto extrapatrimoniais.[128]

5. O NEXO DE CAUSALIDADE

Eis um dos temas mais complexos do Direito Civil. Aparentemente, é simples afirmar que o nexo causal é o terceiro elemento da equação hipotética da responsabilidade civil e que, portanto, somente haverá obrigação de indenizar quando houver nexo de causalidade entre a ação – primeiro elemento da "equação" – e o dano – segundo elemento da "equação".

O nexo de causalidade também é conhecido por relação de causalidade, nexo causal, ou de causalidade, e representa o elo entre a conduta do agente e produção do resultado danoso, trazendo prejuízos à vítima. Como nos ensina Silvio Rodrigues: é possível que tenha havido ato ilícito e tenha havido dano, sem que um seja a causa do outro.[129] Já o pensamento de Antônio Paulo Cachapuz Medeiros é que:

> O nexo de causalidade não se estabelece, todavia, quando o dano tem como causa um agente externo ou a culpa exclusiva da vítima.[130]

Isso porque tal conexão necessária entre ação e dano está prevista no art. 186 do Código Civil, quando afirma que "[...] aquele que, por ação ou omissão voluntária, negligência ou imprudência, violar direito e causar dano a outrem, ainda que exclusivamente moral, comete ato ilícito."

---

[128] MIRAGEM, 2015.
[129] RODRIGUES, 1990.
[130] MEDEIROS, 1997, p. 281.

A regra geral da norma jurídica é a de que não há responsabilidade sem nexo de causalidade. Chama-se a atenção do leitor, novamente, para a "equação" da responsabilidade civil: ação + dano + nexo de causalidade = obrigação de reparar.

5.1. CONCAUSAS

Mas a delimitação do dano nem sempre é uma tarefa fácil, notadamente quando várias circunstâncias contribuem, simultaneamente ou sucessivamente, para o resultado danoso. São as denominadas concausas.

A doutrina majoritária sugere que se faça a seguinte pergunta para a definição no nexo de causalidade: *qual foi a ação determinante? Sem ela, haveria o dano?* Pablo Stolze assim trata das concausas:

> Utiliza-se a expressão "concausa" para caracterizar o acontecimento que, anterior, concomitante ou superveniente ao antecedente que deflagrou a cadeia causal, acrescenta-se a este, em direção ao evento danoso.[131]

Já Sérgio Cavalieri, assim as define:

> Concausas são circunstâncias que concorrem para o agravamento do dano, mas que não têm a virtude de excluir o nexo causal desencadeado pela conduta principal, nem de, por si sós, produzir o dano.[132]

Sinteticamente, a concausa é um elemento causal que concorre com outro, fazendo com que ambos influenciem no resultado danoso amargado pela vítima. Ou seja, nas concausas há uma cumulação de ações – causas, motivos – das quais decorre o resultado.

Quando se analisa as concausas, a primeira tarefa é a de verificar se tais ações são concomitantes ou sucessivas à ação atribuída como causadora do dano, que segundo Bruno Miragem:

> De regra, a causa atribuída ao agente não é interrompida ou excluída pela interferência de outras causas. Quando se tratar de causas plurais, mas interdependentes, de modo que se somam para a realização de um resultado que nãos seria obtido sem a intercorrência de cada uma delas, a concausalidade induz a solidariedade, quando forem atribuídas a diferentes pessoas. Nesse sentido a solidariedade de autores e coautores do dano na obrigação de reparação, conforme estabelece o art. 942, parágrafo único, do Código Civil, e o art. 7º, parágrafo único, do Código de Defesa do Consumidor.[133]

---

[131] STOLZE, 2017, p. 171.
[132] CAVALIERI, 2019, p. 82.
[133] MIRAGEM, 2015.

Quando as concausas forem simultâneas, segue-se a norma do art. 942 do Código Civil, que prevê solidariedade, nos seguintes termos:

> Art. 942. Os bens do responsável pela ofensa ou violação do direito de outrem ficam sujeitos à reparação do dano causado; e, se a ofensa tiver mais de um autor, todos responderão solidariamente pela reparação.

É nas concausas sucessivas, ou seja, nas ações sucessivas, que reside a celeuma jurídica. Qual delas será considerada a determinante para o dano? São três as teorias que pretendem explicar as concausas sucessivas: *a teoria da equivalência das condições, a teoria da causalidade adequada, e a teoria dos danos diretos e imediatos.*

Para a primeira, da *equivalência das condições*, todas as ações que concorreram para o dano serão consideradas, pois retirando-se uma delas o dano não teria ocorrido. Fato é que, segundo essa teoria, pode-se realizar uma ligação entre fatos pretéritos cujo término é incerto. Por exemplo, e segundo Carlos Roberto Gonçalves, seria possível responsabilizar, "[...] como partícipe do adultério, o marceneiro que fez a cama na qual se deitou o casal amoroso."[134]

Já para a segunda teoria, da *causalidade adequada*, somente pode causar o dano a ação que seja efetivamente apta e adequada ao resultado danoso. Considera apenas a ação anterior, desde que seja apta a gerar o resultado danoso. Mas, a terceira teoria, *dos danos diretos e imediatos*, que tem elementos das duas teorias anteriores, justifica o nexo de causalidade sempre que houver uma consequência danosa direta e imediata da ação praticada. Havendo concurso de ações sucessivas, cada agente responderá pelo seu ato.

Denota-se pela redação do art. 403 do Código Civil que a teoria dos danos diretos e imediatos é considerada pelo nosso Direito Civil como apta a indicar a forma de aplicação e compreensão do nexo de causalidade, quando assim dispõe:

> Art. 403. Ainda que a inexecução resulte de dolo do devedor, as perdas e danos só incluem os prejuízos efetivos e os lucros cessantes por efeito dela direto e imediato, sem prejuízo do disposto na lei processual.

O Quadro 18 a seguir relaciona as teorias que se dedicam a explicar as concausas sucessivas, indicando a teoria dos danos diretos e imediatos como a reconhecida pela norma jurídica para indicar qual das ações realizadas em concurso será considerada determinante para o dano.

---

[134] GONÇALVES, 2017, p. 350.

Quadro 18 – Teorias das concausas

Teoria da equivalência das condições	Haverá nexo de causalidade em relação a todas as ações que concorreram para o dano	
Teoria da causalidade adequada	Haverá nexo de causalidade somente a partir da ação que seja efetivamente apta e adequada ao resultado danoso	
Teoria dos danos diretos e imediatos.	Haverá nexo de causalidade sempre que houver uma consequência danosa direta e imediata da ação praticada	Teoria utilizada pela norma jurídica, conforme art. 403 do Código Civil.

Fonte: Elaborado pelo autor.

5.2. EXCLUDENTES DO NEXO CAUSAL

Existem certas situações que são capazes de afastar o nexo causal e, dessa forma, retirar esse elemento da "equação" hipotética da responsabilidade civil e, assim, elidir a obrigação de indenizar. Ou seja, a equação hipotética da responsabilidade civil carecerá do seu terceiro elemento. Sem ele, o nexo causal, não haverá obrigação de reparar.

São excludentes do nexo de causalidade o caso fortuito e a força maior, o fato de terceiro e a culpa da vítima, sendo ela exclusiva, mas – também – em determinadas situações de concorrência de culpa.

O caso fortuito e a força maior excluem o nexo de causalidade, conforme art. 393 do Código Civil. Ambos eliminam a culpabilidade em razão da imprevisibilidade e da inevitabilidade dos eventos, que geram prejuízos através de um acidente.

> Art. 393. O devedor não responde pelos prejuízos resultantes de caso fortuito ou força maior, se expressamente não se houver por eles responsabilizado.
> Parágrafo único. O caso fortuito ou de força maior verifica-se no fato necessário, cujos efeitos não era possível evitar ou impedir.

Na força maior, também chamada de *Act of God*, tem-se um evento natural, imprevisível e irresistível, do qual decorrem danos. Tais eventos da natureza podem ser exemplificados como raios, inundações, tsunamis etc. Já o caso fortuito, igualmente imprevisível e irresistível, decorre de uma causa humana e não da natureza, ou através de uma causa desconhecida, como na ruptura da barragem de uma usina hidroelétrica, ou através de um fato de terceiro, como numa guerra civil, ou na troca de um governo. Para Thiago Faria Soares:

O caso fortuito ou o motivo de força maior, enquanto concausas por estarem associados a uma conduta do agente na produção do dano da vítima, só excluem o nexo de causalidade da conduta do agente se forem uma concausa independente da sua conduta, pois se forem uma concausa dependente da conduta não há exclusão do nexo de causalidade, respondendo o agente pelo dano sofrido pela vítima.[135]

Também se dará a exclusão do nexo de causalidade quando houver culpa de terceiro, ou seja, de um agente estranho à relação entre a vítima e o suposto ofensor. Aquele que é demandado por um ato danoso praticado por terceiro poderá alegar a inexistência de sua responsabilidade simplesmente porque não praticou o ato danoso, conforme destaca Maria Helena Diniz.[136]

Para Sergio Cavalieri Filho:

> É preciso que o fato de terceiro destrua a relação causal entre a vítima e o aparente causador do dano, que seja algo irreversível e desligado de ambos. [...] Se não obstante o fato de terceiro, a conduta do agente também concorre para o resultado, já não mais haverá exclusão da causalidade. Assim, se o motorista, ao se desviar de uma brusca freada dada por um ônibus, sobe na calçada e atropela um transeunte, não poderá invocar fato de terceiro para afastar a responsabilidade, porque, na realidade, a causa direta e imediata do atropelamento foi o seu próprio ato. Haverá no caso do estado de necessidade que, embora exclua a antijuridicidade, não afasta o dever de indenizar.[137]

Destaca-se, então, que é possível existir uma grande afinidade entre o caso fortuito e o fato de terceiro, de maneira que o último seja espécie do primeiro. Mas essa não é uma regra absoluta, porque o fato de terceiro nem sempre precisa ser imprevisível e irresistível, como também o fato de terceiro sempre será imputado a um terceiro, individualizado, ao passo que o caso fortuito sempre será imprevisível e irresistível, mas nem sempre individualizado. Para Iuri Bolesina:

> Para o acolhimento do fato de terceiro, tem-se que a conduta deste terceiro deve ser a única a exclusiva causa para o dano, de modo que o "aparente responsável" do dano foi apenas um instrumento, sem vontade, da conduta do terceiro – de certo modo, outra vítima. Teoricamente, segue-se a lógica da "teoria do corpo neutro" para além dos casos de danos no trânsito. É, por exemplo, a hipótese na qual um casso está parado no sinal vermelho e outro lhe atinge a traseira, lhe empurrando e fazendo cochar-se com o carro da frente.[138]

---

135 SOARES, 2013.
136 DINIZ, 2010, p. 115.
137 CAVALIERI FILHO, 2015, p. 97.
138 BOLESINA, 2019.

Fato é que nem sempre o caso fortuito e a força maior irão afastar a obrigação de indenizar. Nas obrigações contratuais, é possível que as partes ajustem a permanência da obrigação reparatória, mesmo em situações de caso fortuito e de força maior, conforme se extrai do comando previsto no art. 393 do Código Civil, quando prevê que "[...] *o devedor não responde pelos prejuízos resultantes de caso fortuito ou força maior, se expressamente não se houver por eles responsabilizado.*"

Além disso, nas obrigações de dar coisa incerta, antes da escolha, o devedor não se exonerará da obrigação alegando caso fortuito ou de força maior, conforme dispõe o art. 246 do Código Civil.

> Art. 246. Antes da escolha, não poderá o devedor alegar perda ou deterioração da coisa, ainda que por força maior ou caso fortuito.

Esse é o princípio de que o gênero nunca perece,[139] que comporta limitação, quando o gênero, a partir de uma verificação casuística, for limitado. Da mesma sorte não se pode olvidar da culpa exclusiva da vítima, como excludente do nexo de causalidade, isto é, quando o prejuízo decorre exclusivamente do comportamento da vítima. O suposto ofensor serve apenas como "ferramenta" para a própria vítima perpetrar sua ação culposa e que acarreta dano a ela própria. Para Thiago Faria Soares:

> Se o resultado danoso decorrer exclusivamente de uma conduta culposa da vítima, por evidente, o agente que aparentemente causa do dano não será civilmente responsabilizado. É a chamada culpa exclusiva da vítima, que não exclui apenas a culpa do aparente agressor, mas o próprio nexo de causalidade de sua conduta, pois, em realidade, a causa do dano da vítima é a conduta da própria vítima. Desse modo, o agente não responderá pelo dano que aparentemente causou tendo havido culpa exclusiva da vítima, ainda que a sua responsabilidade civil seja objetiva, pois esta dispensa a culpa do agente, mas não dispensa o nexo de causalidade entre a sua conduta e o dano.[140]

O Quadro 19 a seguir relaciona os excludentes do nexo de causalidade.

---

[139] Washington de Barros Monteiro, citado por Maria Helena Diniz, assevera que esse princípio de que o gênero nunca perece é falível e comporta temperamentos, porque o genus pode ser limitado ou ilimitado, conforme ele seja mais ou menos amplo ou restrito. "No gênero limitado" (em que as obrigações são às vezes denominadas 'quase genéricas') existe uma delimitação, por ser ele circunscrito às coisas que se acham num certo lugar, no patrimônio de alguém, ou sejam relativas a determinada época, p. ex., os bois de tal invernada ou de tal fazenda, o vinho de certa vindima, os livros de determinada edição, os créditos do devedor".

[140] SOARES, 2013.

Quadro 19 – Excludentes do nexo de causalidade

Caso fortuito	Evento imprevisível e irresistível ligado ao homem	
Força maior	Evento imprevisível e irresistível ligado à natureza	
Fato de terceiro	Um terceiro pratica a ação danosa	
Culpa da vítima	Exclusiva	O dano decorre de uma ação praticada pela própria vítima
	Concorrente	O dano decorre de uma ação praticada em concurso pela própria vítima e pelo lesante

Fonte: Elaborado pelo autor.

CASOS DE RESPONSABILIDADE CIVIL OBJETIVA NO CÓDIGO CIVIL

Como já foi amplamente mencionado nesse livro, o art. 927 do Código Civil prevê, no seu *caput,* a responsabilidade civil subjetiva e, no seu parágrafo único, a responsabilidade civil sem culpa, ou objetiva – quando houver a aplicação da teoria do risco ou quando houver expressa indicação na lei. E o próprio Código Civil elenca alguns casos de responsabilidade civil objetiva.

1. RESPONSABILIDADE CIVIL DOS EMPRESÁRIOS INDIVIDUAIS E DAS EMPRESAS PELOS PRODUTOS POSTOS EM CIRCULAÇÃO

> Art. 931. Ressalvados outros casos previstos em lei especial, os empresários individuais e as empresas respondem independentemente de culpa pelos danos causados pelos produtos postos em circulação.

Duma leitura do art. 931 do Código Civil depreende-se, facilmente, que a norma institui regra específica de responsabilidade civil objetiva, dessa vez pelos danos causados pelos produtos postos em circulação pelos empresários individuais e empresas.

É de se destacar que a primeira parte do art. 931, quando afirma "Ressalvados outros casos previstos em lei especial", compatibiliza-se com o parágrafo único do art. 927 do Código Civil e, também, com os ditames do Código de Defesa do Consumidor, eis que – na maioria das vezes – empresários individuais e empresas colocam produtos em circulação mediante uma relação consumerista.

> Art. 927. Aquele que, por ato ilícito, causar dano a outrem, fica obrigado a repará-lo.
> Parágrafo único. Haverá obrigação de reparar o dano, independentemente de culpa, nos casos especificados em lei, ou quando a atividade normalmente desenvolvida pelo autor do dano implicar, por sua natureza, risco para os direitos de outrem.
> Art. 12. O fabricante, o produtor, o construtor, nacional ou estrangeiro, e o importador respondem, independentemente da existência de culpa, pela reparação dos danos causados aos consumidores por defeitos decorren-

tes de projeto, fabricação, construção, montagem, fórmulas, manipulação, apresentação ou acondicionamento de seus produtos, bem como por informações insuficientes ou inadequadas sobre sua utilização e riscos.

Na verdade, o art. 931 do Código Civil contempla a regra da teoria do risco empresarial, segundo a qual quem exerce uma atividade comercial e/ou empresarial deve assumir os riscos decorrentes dos defeitos ou vício dos produtos colocados em circulação. Alinhando-se ao Código de Defesa do Consumidor, o Código Civil cria regra de responsabilidade civil objetiva para tal hipótese.

Carlos Roberto Gonçalves tem interessante conclusão sobre a responsabilidade civil dos empresários individuais e das empresas pelos produtos postos em circulação:

> O supratranscrito art. 931 do Código Civil tem a finalidade específica de proteger o consumidor. Entretanto, antes que entrasse em vigor o novo diploma, foi editado o Código de Defesa do Consumidor, que aborda a mesma matéria de forma ampla e completa. Pode-se assim considerar que, na legislação especial ressalvada, concernente à responsabilidade pelo fato e vício do produto, insere-se o Código de Defesa do Consumidor. Não havendo nenhuma incompatibilidade entre o referido diploma e o disposto no aludido art. 931 do Código Civil, permanecem válidas e aplicáveis às hipóteses de responsabilidade pelo fato ou pelo vício do produto as disposições da legislação especial consumerista.[141]

2. RESPONSABILIDADE CIVIL PELO FATO DE TERCEIRO

Art. 932. São também responsáveis pela reparação civil:
I – os pais, pelos filhos menores que estiverem sob sua autoridade e em sua companhia;
II – o tutor e o curador, pelos pupilos e curatelados, que se acharem nas mesmas condições;
III – o empregador ou comitente, por seus empregados, serviçais e prepostos, no exercício do trabalho que lhes competir, ou em razão dele;
IV – os donos de hotéis, hospedarias, casas ou estabelecimentos onde se albergue por dinheiro, mesmo para fins de educação, pelos seus hóspedes, moradores e educandos;
V – os que gratuitamente houverem participado nos produtos do crime, até a concorrente quantia.

A sistemática da norma jurídica no que se refere à responsabilidade civil vincula o patrimônio do causador do dano à reparação do prejuízo causado. Ou seja, o agente causador do dano responde pessoalmente, através do seu patrimônio, para reparar o dano causado à vítima.

---

[141] GONÇALVES, 2017, p. 167.

E esse é um dos pontos nos quais a responsabilidade civil diverge da responsabilidade penal. Na última, o agente responde, em alguns casos, com a privação da sua liberdade, enquanto que na responsabilidade civil, atinge-se – apenas – o patrimônio do lesante.

A conclusão de que, via de regra, a responsabilidade civil vincula diretamente e apenas a pessoa do lesante decorre da interpretação dos arts. 186, 927 e 942 do Código Civil, que têm, respectivamente, as seguintes redações:

> Art. 186. Aquele que, por ação ou omissão voluntária, negligência ou imprudência, violar direito e causar dano a outrem, ainda que exclusivamente moral, comete ato ilícito.
> Art. 927. Aquele que, por ato ilícito, causar dano a outrem, fica obrigado a repará-lo.
> Parágrafo único. Haverá obrigação de reparar o dano, independentemente de culpa, nos casos especificados em lei, ou quando a atividade normalmente desenvolvida pelo autor do dano implicar, por sua natureza, risco para os direitos de outrem.
> Art. 942. Os bens do responsável pela ofensa ou violação do direito de outrem ficam sujeitos à reparação do dano causado; e, se a ofensa tiver mais de um autor, todos responderão solidariamente pela reparação.
> Parágrafo único. São solidariamente responsáveis com os autores os co-autores e as pessoas designadas no art. 932.

É de se observar pela redação dos dispositivos acima transcritos que a norma estipulou regra de responsabilização direta, pessoal, daquele que praticou ato ilício, ou até mesmo lícito – nas hipóteses do parágrafo único do art. 927 –, e causou dano a terceiro. Mas, para essa regra, existem exceções, conforme disciplina o art. 932 do Código Civil. São os casos de responsabilidade civil pelo fato de terceiro, ou seja, situações nas quais a lei indica que determinados atores responderão pelos danos causados por pessoas que lhe são vinculadas.

O art. 932 do Código Civil, nos seus incisos I a V, enumera os casos de responsabilidade civil pelo fato de outrem. Destaca-se que além do rol do art. 932, acrescenta-se que os locadores de veículos também responderão pelos danos causados pelos locatários a terceiros, por força da Súmula 492 do Supremo Tribunal Federal.

Dessa maneira, tem-se que responderão pelos danos causados os pais – *pelos filhos menores que estiverem sob sua autoridade e em sua companhia –*; o tutor e o curador – *pelos pupilos e curatelados, que estiverem sob sua autoridade e em sua companhia –*; o empregador ou comitente – *por seus empregados, serviçais e prepostos, no exercício do trabalho que lhes competir, ou em razão dele –*; os donos de hotéis, hospedarias, casas ou estabelecimentos onde se albergue por dinheiro, mesmo para fins de educação – *pelos seus hóspedes, moradores e educandos*; os que gratuitamente houverem participado nos produtos do crime, até a concorrente quantia; bem como os locadores de veículos, pelos danos causados pelos locatários a terceiros.

Não há dúvida no sentido de que a responsabilidade dos elencados no art. 932 do Código Civil é objetiva, simplesmente porque o art. 933 do Código Civil estipula que:

> Art. 933. As pessoas indicadas nos incisos I a V do artigo antecedente, ainda que não haja culpa de sua parte, responderão pelos atos praticados pelos terceiros ali referidos.

A responsabilidade civil pelo fato de outrem evoluiu da ideia de presunção – que, pela regra do código anterior, poderia ser relativa ou absoluta – para a regra da responsabilidade objetiva – na qual a culpa é despicienda, pautando-se na ideia de risco.

Os indicados no art. 932 do Código Civil responderão mesmo que não tenham praticado um ato ilícito – antijurídico e imputável –, ou seja, mesmo que não tenham tido o propósito danoso – dolo = culpa em sentido amplo –, ou mesmo sem a intenção, tenham assumido o risco de causar um dano – culpa em sentido estrito = negligência, imprudência e imperícia.

No entanto é necessário destacar que na responsabilidade civil pelo fato de terceiro se tem dois regimes de responsabilidade: será objetiva a responsabilidade do responsável indireto pela reparação – os relacionados nos cinco incisos do art. 932 e também o locador de veículos – e subjetiva a responsabilidade do lesante, ou seja, daquele que efetivamente praticou a ação danosa: os filhos menores, o pupilo e o curatelado, os empregados, serviçais e prepostos, dos hóspedes, moradores e educandos, aquele que praticou o delito, o locatário de veículo. Dessa forma, aqueles que praticam a ação danosa necessariamente agem com culpa; já os que respondem pela ação, agem objetivamente. Isso porque o art. 933 do Código Civil expressamente retira o elemento subjetivo, a culpa, como condicionante à obrigação de reparar dos que respondem pelos atos de um terceiro.

Entretanto, o desafio constante na responsabilidade civil pelo fato de terceiro é justamente o de – a partir de uma interpretação da norma, efetivamente – identificar os casos da sua aplicação e as suas respectivas exceções. Ou seja, sempre os terceiros relacionados na norma responderão pelas ações danosas praticadas por aqueles pelos quais respondem ou existem exceções? A resposta para esse questionamento será respondida a partir de uma análise de cada uma das hipóteses de responsabilidade civil pelo fato de terceiro, considerando a regra geral e as suas exceções.

Interessante a síntese de Marcos Bernardes de Mello:

> Quando se trata da capacidade de praticar ato ilícito civil das pessoas naturais, é necessário considerar as seguintes situações:
> (i) em razão da idade;
> (i.a) até os 16 anos a pessoa é absolutamente incapaz; o absolutamente incapaz por idade não pratica ato ilícito *stricto sensu* ou relativo, por ser inimputável;
> (i.b) dos 16 aos 18 anos a pessoa tem capacidade apenas para a prática de ato ilícito relativo quando, na ocasião do ato de obrigar-se por meio de negócio jurídico, inquirido pela outra parte, *dolosamente,* houver omitido sua idade ou se declarado, espontaneamente, maior (Código Civil, art. 180), mas *somente nesses casos*. O requisito, imposto pela norma, da existência de dolo do relativamente incapaz faz caracterizar a ilicitude de seu ato;
> (i.c) é plenamente capaz a partir dos 18 anos;
> (ii) os absolutamente incapazes por motivos de sanidade física ou mental são capazes de praticar ato ilícito, em princípio. O louco e o surdo-mudo não são inimputáveis por natureza, nem sua interdição lhes atribui inimputabilidade. A interdição civil diz respeito, apenas, à capacidade para praticar negócios jurídico e atos jurídicos *stricto sensu*. Sua capacidade de praticar ato ilícito *strico sensu*, em particular, há de ser aferida considerando-se o grau de incapacidade em entender, na ocasião de sua prática, o caráter ilícito do fato ou de determinar-se conforme esse entendimento, independentemente de interdição. Assim, não pratica ato ilícito *stricto sensu* o indivíduo, interditado ou não, cujas condições de sanidade mental ou física não lhe permitiam discernir, naquele momento, a natureza ilícita do ato.[142]

2.1. RESPONSABILIDADE DOS PAIS PELO FATO DOS FILHOS MENORES

A inteligência que regula a responsabilidade dos pais pelos atos praticados pelos filhos menores reside na ideia de que quem tem o mister de educar terá o ônus de vigiar, devendo exercer a fiscalização. Nesse particular, tem-se regra de responsabilidade objetiva e solidária.

Fato é que o incapaz responderá, caso os pais não possam reparar os prejuízos causados, de maneira subsidiária e condicionada à sua possibilidade, obedecendo-se a regra do art. 928 do Código Civil:

> Art. 928. O incapaz responde pelos prejuízos que causar, se as pessoas por ele responsáveis não tiverem obrigação de fazê-lo ou não dispuserem de meios suficientes.
> Parágrafo único. A indenização prevista neste artigo, que deverá ser equitativa, não terá lugar se privar do necessário o incapaz ou as pessoas que dele dependem.

---

[142] MELLO, 2015.

Ou seja, observa-se que – via de regra –, os pais respondem pelos atos praticados pelos filhos menores. Nada obstante isso, caso não disponham de meios suficientes, subsidiariamente, os próprios menores responderão, mas de maneira equitativa e desde que não restem privados do necessário à sua subsistência. Portanto, caso os pais não disponham de meios suficientes para indenizar os danos causados pelo menor, bem como se o próprio menor igualmente não dispuser, o dano não será ressarcido. Carlos Roberto Gonçalves conclui que:

> Em primeiro lugar, a obrigação de indenizar cabe às pessoas responsáveis pelo incapaz (amental ou menor de 18 anos). Este só será responsabilizado se aquelas não dispuserem de meios suficientes para o pagamento. Mas a indenização, nesse caso, que deverá ser equitativa, não terá lugar se privar do necessário o incapaz, ou as pessoas que dele dependem. Não mais se admite que os responsáveis pelo menor, pais e tutores, se exonerem da obrigação de indenizar provando que não foram negligentes na guarda, porque, como já mencionado, o art. 933 do novo diploma dispõe que a responsabilidade dessas pessoas independe de culpa.[143]

Entretanto, seguindo a inteligência do I do art. 932 e do *caput* do art. 928, do Código Civil, para que os pais respondam pelos atos danosos praticados pelos filhos menores, necessário que alguns requisitos sejam cumpridos, quais sejam: que o filho seja menor de 18 anos, que o filho esteja sob a autoridade e em companhia dos pais e que os pais estejam no exercício do poder familiar. A partir desses requisitos é possível concluir que os pais só responderão pelos danos causados pelos seus filhos que estejam sob a sua autoridade e em sua companhia. Isso significa dizer que os pais, além de exercer a autoridade emanada do poder familiar, também deverão estar na companhia do menor, no sentido de poder fiscalizar as suas ações.

Assim, se o menor estiver na escola e praticar um ato lesivo, quem responderá será o educandário, conforme preceitua o inciso IV do art. 932 do Código Civil, porque, nessa situação específica, quem possuía a obrigação de vigilância era a escola e não os pais. Dessa forma, os casos concretos que dirão se os pais deverão ou não responder pelo ato danoso praticado pelo menor. Por exemplo: entende-se que nos casos de guarda compartilhada ambos os genitores responderão. Mas, por outro lado, estando os genitores separados e o menor residindo com um deles, sem que tenha contato com o outro, o genitor ausente não responderá pelo dano causado pelo menor, se

---

[143] GONÇALVES, 2017, p. 38.

provar que sobre ele não exerce nenhuma autoridade e nem mesmo estava na sua companhia. Tal se extrai do conceito de poder familiar. Responderá o genitor que exerça o poder familiar, estando titulado da obrigação de vigilância. Destaque-se, novamente, que a responsabilidade será objetiva, pouco importando, portanto, se houve culpa *in vigilando*. Segundo Flávio Tartuce, a responsabilidade civil dos pais pelos menores:

> Quanto ao inc. I do art. 932 do CC/2002, na opinião deste autor, para que o pai ou a mãe responda pelos danos causados pelo filho, deve ter o último sob sua autoridade e companhia, nos exatos termos do que enuncia o texto legal. A par dessa conclusão, o pai que não tem a guarda efetiva do filho não poderá responder.[144]

Quando se fala da responsabilidade pelos atos praticados pelos filhos menores, aos pais que indenizarem os danos causados, é vedado o ajuizamento de ação regressiva, como dispõe o art. 934 do Código Civil.

> Art. 934. Aquele que ressarcir o dano causado por outrem pode reaver o que houver pago daquele por quem pagou, salvo se o causador do dano for descendente seu, absoluta ou relativamente incapaz.

2.2. RESPONSABILIDADE DOS TUTORES E CURADORES

Tanto para os tutores quanto para os curadores o Código Civil estabelece a regra da responsabilidade civil objetiva, no que se refere aos atos ilícitos praticados pelos pupilos e curatelados dos quais decorra um dano, *ex vi* art. 932, II e 933 do Código Civil. Ou seja, tutores e curadores não poderão olvidar das suas responsabilidades sob o argumento de que não agiram culposamente. O elemento subjetivo será totalmente despiciendo.

Entretanto, aqui, é necessário indicar algumas diferenças entre os institutos da tutela e da curatela. O primeiro se aplica aos casos nos quais os menores incapazes restem sem representação, havendo a vacância do exercício do poder familiar. Os tutores preenchem essa lacuna para representar e cuidar dos interesses dos menores, exercendo um *munus publico* de interesse público. Já os curadores representam maiores incapazes, cuja incapacidade seja decorrente de enfermidade, deficiência mental, prodigalidade ou toxicomania, que lhe impossibilite de gerir os seus bens.

O Código Civil, no art. 1.767, define que:

---

[144] TARTUCE, 2018, p. 397.

Art. 1.767. Estão sujeitos a curatela:
I. aqueles que, por causa transitória ou permanente, não puderem exprimir sua vontade;
II. os ébrios habituais e os viciados em tóxico;
III. os pródigos.

Tutor e curador poderão ser demandados pela vítima da ação danosa perpetrada pelo pupilo ou curatelado, porque têm dever de vigilância, respondendo objetivamente por tais danos. Porém, registre-se, que à tutela e à curatela é aplicada a regra do art. art. 928 do Código Civil, ou seja, o incapaz responderá pelos prejuízos que causar, se tutor e curador não tiverem obrigação de fazê-lo ou não dispuserem de meios suficientes. Além disso, terão – em regresso – direito ao ressarcimento daquilo que despenderam na indenização. Para Flávio Tartuce:

> A tutela e a curatela constituem, assim, institutos de direito assistencial para a defesa dos interesses dos incapazes, visando à realização de atos civis em seu nome. A diferença substancial entre as duas figuras é que a tutela resguarda os interesses de menores não emancipados ou não sujeitos ao poder familiar, com o intuito de protegê-los. Por seu turno, a curatela é categoria assistencial para a defesa dos interesses de maiores incapazes, agora somente relativamente incapazes.[145]

Segundo Carlos Roberto Gonçalves, a responsabilidade civil dos tutores e curadores:

> Argumentava-se que não só a responsabilidade do tutor pelo ato danoso do pupilo, como também a do curador, pelo ato do curatelado, não deviam ser examinadas com o mesmo rigor com que se encarava a responsabilidade do pai pelo ato praticado pelo filho menor, visto que a tutela e a curatela representam um ônus, um munus publicum imposto ao tutor e ao curador, que muitas vezes não são sequer remunerados. Nem se pode mais aceitar com menor rigor a escusa do tutor fundada em defeito de educação anterior do menor.[146]

2.3. RESPONSABILIDADE DOS EMPREGADORES OU COMITENTES

Diante da relação de subordinação e dependência existente entre os empregadores e os seus funcionários, como também em decorrência do dever de vigilância que os comitentes têm perante os seus prepostos, os empregadores responderão pelos atos praticados pelos seus funcionários.

É necessário destacar que a subordinação é o elo que vincula a responsabilidade objetiva do empregador ou comitente, pouco importando se há ou não o pagamento de alguma remuneração, a que título seja. Serão considerados empregados aqueles que estão sob a direção do patrão, que lhe dirige

---

[145] TARTUCE, 2018, p. 399.
[146] GONÇALVES, 2017, p. 136.

as atividades. No entanto, é certo afirmar que o empregador apenas responderá solidária e objetivamente pelos danos praticados pelo seu funcionário se, efetivamente, um dano seja causado a um terceiro por ato do preposto, no exercício das suas funções, durante o trabalho ou em razão dele. Ainda, o preposto deverá ter agido com culpa. Segundo Flávio Tartuce:

> Frise-se que a incidência do inciso III do art. 932 independe da existência de uma relação de emprego ou de trabalho, bastando a presença de uma relação jurídica baseada na confiança, denominada relação de pressuposição. Por isso, entendo que, em caso de empréstimo de veículo a outrem, havendo um acidente de trânsito que cause danos a terceiros; haverá responsabilidade do comodante-proprietário por ato do comodatário.[147]

Carlos Roberto Gonçalves apresenta os requisitos necessários à responsabilidade civil do empregador ou comitente:

> Para que haja responsabilidade do empregador por ato do preposto, é necessário que concorram três requisitos, cuja prova incumbe ao lesado: 1º) qualidade de empregado, serviçal ou preposto, do causador do dano (prova de que o dano foi causado por preposto); 2º) conduta culposa (dolo ou culpa stricto sensu) do preposto; 3º) que o ato lesivo tenha sido praticado no exercício da função que lhe competia, ou em razão dela. Como já dito, o importante nessas relações é o vínculo hierárquico de subordinação. Importa, também, o exame da normalidade do trabalho. Assim, se o ato ilícito foi praticado fora do exercício das funções e em horário incompatível com o trabalho, não acarreta a responsabilidade do empregador.[148]

Pela nova sistemática da norma jurídica, pouco importa se o comitente agiu com culpa na escolha (*in iligendo*) ou na fiscalização (*in vigilando*) das atividades do funcionário, eis a regra da responsabilidade objetiva contida no art. 933 do Código Civil. Nada obstante, o empregador é titular de ação regressiva contra o empregado para reaver o que pagou ao lesado.

2.4. RESPONSABILIDADE DOS HOTELEIROS E DOS DONOS DE EDUCANDÁRIOS

O dono do estabelecimento hoteleiro responderá objetivamente pelos danos causados pelos seus hóspedes a outros hóspedes ou mesmo a terceiros, pouco importando se agiu com culpa na fiscalização ou mesmo na escolha/aceitação dos hóspedes. Repita-se que a norma aboliu a ideia de presunção relativa – da qual cabe prova em sentido contrário –, optando pela regra da responsabilidade objetiva. Essa é a regra do art. 932, IV, do Código Civil.

---

[147] TARTUCE, 2018, p. 403.

[148] GONÇALVES, 2017, p. 142.

A novel exegese é a de que o hoteleiro deverá arcar com o risco da sua atividade, tendo o ônus de fiscalizar e eleger corretamente os seus hóspedes e, portanto, devendo responder objetivamente perante a vítima pelos danos por eles causados. Segundo Carlos Roberto Gonçalves, são pressupostos à responsabilidade civil dos donos de hotéis e afins por seus hóspedes e dos donos de estabelecimentos de ensino por seus educandos:

> Os pressupostos de aplicação do princípio da responsabilidade dos educadores, e também dos donos de hospedarias em geral, consistem na apuração de que a instituição recolhe ou interna a pessoa com o fito de lucro. Não haveria a responsabilidade, a contrario sensu, para quem desse pousada gratuita, bem como pelo fato danoso dos que frequentassem a casa eventualmente. Sendo o hoteleiro um prestador de serviços, encontra-se na mesma situação dos educadores, sujeitando-se, no tocante à responsabilidade por atos de seus hóspedes (responsabilidade indireta), ao Código de Defesa do Consumidor.[149]

Já Flávio Tartuce tem a seguinte conclusão:

> O inc. IV do art. 932 do Código Civil estabelece duas hipóteses de responsabilidade civil por ato de terceiro, sem qualquer conexão entre elas. A primeira previsão diz respeito ao dever de indenizar dos donos de hotéis, hospedarias, casas ou estabelecimentos onde se albergue por dinheiro por seus hóspedes e moradores. Apesar de a lei mencionar os "donos" de tais estabelecimentos, não se pode negar que o dever de indenizar recai sobre as empresas que exploram os serviços de turismo, sujeitas também à responsabilidade objetiva prevista no Código de Defesa do Consumidor, eis que são prestadoras de serviços de lazer. A outra hipótese tratada no inc. IV do art. 932 diz respeito à responsabilidade civil dos estabelecimentos de ensino por atos culposos praticados por seus educandos. A norma tem incidência direta nos casos que dizem respeito ao bullying. Do dicionário de tradução inglês-português extrai-se que o verbo to bully significa amedrontar, intimidar. Além disso, bully quer dizer brigão, valentão. Bullying, no gerúndio, é o ato de intimidar outrem em um ambiente de convivência. A sua prática pode ocorrer na escola, em casa, na rua, em shopping centers, em clubes, em academias, em parques, ou seja, em qualquer local público ou privado em que convivem crianças e adolescentes.[150]

Nada obstante, o hoteleiro terá direito a ser ressarcido daquilo que despendeu, conforme art. 934 do Código Civil. O mesmo dito em relação à responsabilidade dos donos de estabelecimentos hoteleiros se aplica aos proprietários de educandários – os quais, mediante remuneração, recebem educandos para lhes educar e instruir.

---

149 GONÇALVES, 2017, p. 146-157.
150 TARTUCE, 2018, p. 403-405.

Esses estabelecimentos responderão pelos danos causados pelos educandos a outros educandos e a terceiros, em razão do que prevê o art. 932, IV, do Código Civil. Os educandários responderão objetivamente em razão da sua obrigação de vigiar os educandos enquanto estiverem sob sua responsabilidade. Destaque-se que tal regra não se aplica aos estabelecimentos de ensino superior, frequentados – via de regra – por estudantes maiores de idade. Em que pese o educandário responder objetivamente, terá direito ao ressarcimento daquilo que gastou para indenizar o dano causado pelo educando, através de ação regressiva em face dos pais do educando que praticou o ato ilícito.

2.5. RESPONSABILIDADE CIVIL DOS QUE PARTICIPAM GRATUITAMENTE NO PRODUTO DO CRIME

Aquele que, gratuitamente, recebeu o produto de um crime, responderá, objetivamente e solidariamente, perante a vítima. O art. 932, V, do Código Civil, pretende obstar hipótese de enriquecimento ilícito[151] daquele que – embora não tenha cometido um crime –, aproveitou-se do seu resultado.

Nesse prisma, mesmo que gratuitamente, quem se locupletou do resultado de um crime deverá restituir à vítima aquilo que lhe foi subtraído, podendo, no entanto, após a restituição, ressarcir-se junto ao criminoso. A restituição deverá ser proporcional e concorrente à sua participação do resultado do ato criminoso. Segundo Carlos Roberto Gonçalves:

> No inciso V, o art. 932 do Código Civil trata da responsabilidade dos que gratuitamente houverem participado nos produtos do crime. São obrigados solidariamente à reparação civil até à concorrente quantia. Embora a "pessoa não tenha participado do delito, se recebeu o seu produto, deverá restituí-lo, não obstante ser inocente, do ponto de vista penal".[152]

Flávio Tartuce critica a adequação do dispositivo, nos seguintes termos:

> O quinto e último inciso do art. 932 do Código Civil trata da responsabilidade civil daqueles que contribuírem para produto de crime, mesmo que de forma gratuita. Estou filiado à doutrina que entende estar a previsão mal

---

[151] Art. 884. Aquele que, sem justa causa, se enriquecer à custa de outrem, será obrigado a restituir o indevidamente auferido, feita a atualização dos valores monetários.

Parágrafo único. Se o enriquecimento tiver por objeto coisa determinada, quem a recebeu é obrigado a restituí-la, e, se a coisa não mais subsistir, a restituição se fará pelo valor do bem na época em que foi exigido.

[152] GONÇALVES, 2017, p. 160.

colocada, sem nenhuma relação com os incisos anteriores. Primeiro, pelo fato de que as regras antecedentes tratam de relações lícitas internamente, mas que vieram a causar prejuízos a terceiro. Segundo, pois não se afigura neste inciso hipótese de responsabilidade indireta, como pontua Claudio Luiz Bueno de Godoy, "mas, verdadeiramente, de um dever de reembolso que evita o enriquecimento ilícito. (...). De resto, nas anteriores hipóteses, o dado fundamental que justifica o nexo de imputação aos responsáveis indiretos, como se viu, é o poder de direção sobre a conduta alheia, que lhe é afeto". Neste último comando, não há o citado poder de direção.[153]

2.6. RESPONSABILIDADE CIVIL DOS LOCADORES DE VEÍCULOS – SÚMULA 492 DO STF

> Súmula 492 do STF. A empresa locadora de veículos responde, civil e solidariamente com o locatário, pelos danos por este causados a terceiro, no uso do carro locado.

Por força da Súmula 492 do Supremo Tribunal Federal, o locador de veículos responderá civil e solidariamente com o locatário pelos danos que o locatário causar a terceiros. Seguindo, portanto, a regra trazida pela jurisprudência da corte suprema, tem-se mais uma hipótese de responsabilidade civil objetiva e solidária pelo fato de terceiro, nesse caso o locatário de veículos.

3. DIREITO DE REGRESSO COMO CONSEQUÊNCIA NATURAL DA RESPONSABILIDADE CIVIL INDIRETA

Em que pese a regra da responsabilidade objetiva dos relacionados no art. 932 do Código Civil, excetuando-se o caso dos pais que respondem pelos atos dos seus filhos menores, há o direito de regresso. Ou seja, o direito dos responsáveis de reaverem aquilo que indenizaram em lugar do terceiro.

Na prática, o responsável indireto tem direito de mover a ação de *in rem verso* contra o causador do dano, conforme art. 934 do Código Civil:

> Art. 934. Aquele que ressarcir o dano causado por outrem pode reaver o que houver pago daquele por quem pagou, salvo se o causador do dano for descendente seu, absoluta ou relativamente incapaz.

Dessa forma, excetuando-se os ascendentes, os relacionados nos incisos II ao V do art. 932 do Código Civil, bem como o locador de veículos, tem legitimidade para pleitear o regresso daquilo que pagaram em razão do dano causado pelo terceiro, responsável direto, pela reparação do dano. Para Carlos Roberto Gonçalves:

---

[153] TARTUCE, 2018, p. 412.

Nos casos de responsabilidade por fato de outrem, aquele que paga a indenização (o responsável indireto) tem um direito regressivo (ação de in rem verso) contra o causador do dano. É o que dispõe o art. 934 do Código Civil: "Aquele que ressarcir o dano causado por outrem pode reaver o que houver pago daquele por quem pagou, salvo se o causador do dano for descendente seu, absoluta ou relativamente incapaz". Esse direito regressivo, de quem teve de ressarcir o dano causado por outrem, é de justiça manifesta, é uma consequência natural da responsabilidade indireta.[154]

Sobre o tema, Flávio Tartuce afirma que:

Feitas tais considerações a partir do estudo dos incisos do art. 932 do Código Civil e da abordagem de exemplos concretos, aquele que ressarcir o dano causado por outrem pode reaver o que houver pago daquele por quem pagou, salvo se o causador do dano for seu descendente, absoluta ou relativamente incapaz (art. 934 do CC). Ilustrando, o empregador que indeniza terceiro tem direito de regresso contra o empregado culpado. No entanto, o pai não tem direito de regresso contra o seu filho menor, pois seria imoral pensar em uma ação regressiva entre pais e filhos, o que justificou a parte final do preceito.[155]

O Quadro 20 a seguir destaca os casos de responsabilidade civil pelo fato de terceiro, como também que o responsável responderá objetivamente e que – salvo os ascendentes – os demais relacionados no art. 932 do Código Civil terão direito ao regresso.

Quadro 20 – Responsabilidade Civil pelo Fato de Terceiros

Casos	Pais	Art. 932, I
	Tutores curadores	Art. 932, II
	empregadores	Art. 932, III
	Donos de hospedarias e educandários	Art. 932, IV
	Quem participa gratuitamente do produto de crime	Art. 932, V
	Locadores de veículos	Súmula 492, STF
Responsabilidade	Objetiva	Art. 933
Direito de regresso	Exceto no caso dos pais pelos filhos menores	Art. 934

Fonte: Elaborado pelo autor.

---

154 GONÇALVES, 2017, p. 161.
155 TARTUCE, 2018, p. 413.

3.1. RESPONSABILIDADE CIVIL PELO FATO DA COISA ANIMADA

> Art. 936. O dono, ou detentor, do animal ressarcirá o dano por este causado, se não provar culpa da vítima ou força maior.

O art. 936 do Código Civil trata da responsabilidade civil pelo fato da coisa animada, ou seja, regula a responsabilização pelos danos causados pelos animais – imputando-a ao seu dono ou detentor.

Pode-se dizer que no art. 936 do Código Civil há hipótese de responsabilidade civil objetiva com características próprias, porque – além de eliminar o elemento subjetivo da responsabilidade civil, institui presunção de culpa do dono ou detentor do animal, bem como inverte o ônus da prova no curso da ação indenizatória.

A responsabilidade objetiva trazida no art. 936 do Código Civil é, na verdade, potencializada quando presume a culpa do dono ou detentor do animal e, ainda, limita o seu âmbito de defesa à prova da culpa exclusiva da vítima ou evento de força maior, numa clara hipótese de inversão do ônus da prova no curso da ação indenizatória.

É necessário destacar que a presunção de culpa do art. 936 é relativa, ou *juris tantum*, uma vez que aceita prova em contrário que, nesse caso, será justamente a demonstração, pelo dono ou detentor do animal, de culpa exclusiva da vítima ou de força maior. A inversão do ônus da prova é evidente quando a redação da norma fala que "o dono, ou detentor, do animal ressarcirá o dano por este causado, se não provar culpa da vítima ou força maior".

Nesse sentido, é preciso relembrar que o ônus da prova, regra geral,[156] é do autor e, nos autos de uma ação indenizatória movida pela vítima do dano causado pelo animal, naturalmente que seja a vítima a parte autora. Isto posto, caberia a vítima realizar a prova dos fatos alegados. Nada obstante, pela regra art. 936 do Código Civil, o dono ou detentor do animal que deverá constituir prova nos autos e, saliente-se, apenas poderá demonstrar, em sua defesa, a culpa exclusiva da vítima e a força maior. Segundo Flávio Tartuce, a responsabilidade civil objetiva por danos causados por animal:

> Como o Código Civil de 2002 traz somente duas excludentes do dever de indenizar, quais sejam a culpa exclusiva da vítima e a força maior, fica evidenciado, como antes desenvolvido no Capítulo 4, que o caso é de típica responsabilidade objetiva, independentemente de culpa. Deve ficar claro que este autor entende ser também excludente o caso fortuito, conceituado

---

156 Conforme art. 373 do Código de Processo Civil.

como o evento totalmente imprevisível, que é mais do que a força maior, evento previsível, mas inevitável, obstando ou quebrando o nexo de causalidade. Além disso, se considerarmos o caso fortuito como sinônimo de força maior, assim como faz parte da doutrina e da jurisprudência – inclusive do Superior Tribunal de Justiça –, o primeiro também é excludente de responsabilidade em casos tais.[157]

Segundo Carlos Roberto Gonçalves, a responsabilidade objetiva do dono ou detentor do animal:

> A responsabilidade do dono do animal é, portanto, objetiva. Basta que a vítima prove o dano e a relação de causalidade entre o dano por ela sofrido e o ato do animal. Trata-se de presunção vencível, suscetível de prova em contrário. Permite-se, com efeito, ao dono do animal que se exonere da responsabilidade, provando qualquer uma das excludentes mencionadas: culpa da vítima ou força maior.[158]

E é por isso que é possível afirmar que quando a norma trata da responsabilidade civil pelo fato da coisa animada cria uma responsabilidade objetiva potencializada, na qual se presume – relativamente – a culpa do dono ou detentor do animal, invertendo-se o ônus da prova, que passa a ser do réu da ação indenizatória – o dono ou detentor do animal – e, ainda, limita o âmbito de defesa do réu, cabendo-lhe apenas demonstrar culpa exclusiva do autor da ação – a vítima do dano – e a força maior.

Todavia, também, é certo dizer que o dono do animal responderá solidariamente caso tenha entregue o animal aos cuidados de um detentor sem relação de preposição, sem as devidas cautelas. Ou seja, quando o dono do animal o entrega a terceiro, que não é o seu preposto, haverá relação causal entre o dono do animal e o terceiro a justificar a responsabilização solidária.

No Quadro 21 a seguir estão dispostas as principais características da responsabilidade civil pelo fato dos animais, prevista no art. 936 do Código Civil, quais sejam a presunção relativa de culpa, a inversão do ônus da prova e a limitação das possibilidades de defesa do réu na ação indenizatória, que será o dono ou detentor do animal.

---

157 TARTUCE, 2018, p. 417.
158 GONÇALVES, 2017, p. 241.

Quadro 21 – Responsabilidade Civil pelo fato da coisa animada

	Responsabilidade objetiva	Com características próprias.
Características	Inversão do ônus da prova	O ônus da prova será do dono ou detentor do animal.
	Presunção relativa (*juris tantum*) de culpa	A presunção relativa admite prova em contrário.
	Limitação do âmbito de defesa para situações de força maior e culpa exclusiva da vítima	Quem deverá demonstrar força maior e/ou culpa exclusiva da vítima será o réu da ação indenizatória, ou seja, o dono ou detentor do animal.

Fonte: Elaborado pelo autor.

4. RESPONSABILIDADE CIVIL PELA RUÍNA DE EDIFÍCIO

Art. 937. O dono de edifício ou construção responde pelos danos que resultarem de sua ruína, se esta provier de falta de reparos, cuja necessidade fosse manifesta.

O Código Civil criou uma regra geral de responsabilidade civil subjetiva, apontada no *caput* do art. 927, bem como indicou que a responsabilidade será objetiva quando se aplicar a teoria do risco ou quando houver expressa indicação na lei. Nesse sentido, o próprio Código Civil indica algumas situações de responsabilidade objetiva, como aquelas constantes nos seus arts. 932, 936 e 938.

O propósito do *Codex*, no que se refere ao seu art. 937, que trata da responsabilidade civil pelos danos causados pelas ruínas, foi o mesmo de criar regra de responsabilidade civil objetiva, mas, considerando a redação desse artigo, tem-se prejudicada a aplicação da responsabilidade civil objetiva. Isso porque a redação do art. 937 do Código Civil, em que pese criar uma presunção de culpa do *dono de edifício ou construção pelos danos que resultarem de sua ruína*, condiciona a reparação *de reparos, a falta cuja necessidade fosse manifesta*. Ou seja, se a ruína causadora do dano provier de um edifício ou construção cujos reparos foram comprovadamente realizados ou se a necessidade de reparos não fosse manifesta, tem-se um complicador ao acesso à responsabilização.

É certo que a intenção do legislador foi a de facilitar o acesso da vítima à indenização, no específico caso dos danos causados pela ruína oriunda de um edifício ou construção; mas, fato é que a redação do art. 937 não espelha o propósito do legislador. Para se chegar a essa conclusão é preciso verificar o conceito de necessidade manifesta, que é aquela que se percebe pela aparência, sem a necessidade de conhecimentos específicos. Naturalmente, dessa forma, para que haja obrigação de indenizar, imperioso será demonstrar que o dano foi gerado por ruína que se desprendeu de edifício ou construção cuja falta de reparos fosse manifesta.

A regra contida no art. 937 do Código Civil traz algumas etapas que precisam ser trilhadas. Segundo Flávio Tartuce, a responsabilidade por danos causados por ruína de prédio:

> Pelo art. 937 do Código Civil de 2002, o dono de edifício ou construção responde pelos danos que resultarem de sua ruína, se esta provier de falta de reparos, cuja necessidade fosse manifesta. Trata-se de mais um caso de responsabilidade objetiva, diante de um risco criado ou risco-proveito, o que depende do caso concreto. Na doutrina clássica, Silvio Rodrigues destaca o caráter propter rem existente no dever de indenizar em casos tais, eis que "o proprietário é sempre responsável pela reparação do dano causado a terceiro pela ruína do edifício ou construção de seu domínio, sendo indiferente saber se a culpa pelo ocorrido é do seu antecessor na propriedade, do construtor do prédio ou do inquilino que o habitava. Ele é réu na ação de ressarcimento". No entanto, para que a responsabilidade tenha essa natureza, há quem entenda que deve estar evidenciado o mau estado de conservação do edifício ou da construção, nos termos literais do trecho final do art. 937 da codificação material. Caso contrário, a responsabilidade tem natureza subjetiva, necessitando da prova de culpa, nos termos do art. 186 da atual codificação. Surge controvérsia quanto a essa questão, também em virtude da aplicação do Código de Defesa do Consumidor. Isso porque, diante da Lei n. 8.078/1990, os danos causados aos consumidores geram responsabilidade objetiva, como visto. No tocante a terceiros, também se pode entender pela responsabilização independentemente de culpa, diante do conceito de consumidor equiparado ou by stander (art. 17 do CDC).[159]

Para Carlos Roberto Gonçalves, a responsabilidade pela ruína do edifício:

> Há uma presunção de responsabilidade do dono do edifício ou construção, quando a casa cai sobre as propriedades vizinhas ou sobre os transeuntes. Ressalva-se, apenas, a ação regressiva contra o construtor. Facilita-se a ação de reparação para a vítima, que só precisa provar o dano e a relação de causalidade.[160]

---

159 TARTUCE, 2018, p. 421.

160 GONÇALVES, 2017, p. 219.

5. RESPONSABILIDADE CIVIL POR COISAS CAÍDAS DE EDIFÍCIOS

Art. 938. Aquele que habitar prédio, ou parte dele, responde pelo dano proveniente das coisas que dele caírem ou forem lançadas em lugar indevido.

O artigo 938 do Código Civil trata da responsabilidade de *effusis et defectis*, ou seja, a responsabilidade pelos objetos, líquidos ou sólidos, que caírem ou forem lançados de edifício nas vias públicas. Segundo a norma jurídica, o morador do prédio ou parte dele responderá pelos danos causados.

Por morador ou habitante são considerados o proprietário, o locatário, o comodatário, o usufrutuário, enfim, quem estiver ocupando o prédio, a que título for, no momento no qual o objeto caia ou seja dele lançado.

A responsabilidade do habitante do prédio será objetiva, de maneira que a verificação da sua culpa será despicienda. Nessa hipótese, deve-se provar o nexo causal entre o dano causado pela caída ou lançamento de objetos de prédios. A demonstração das circunstâncias pelas quais a ação ocorreu – a culpa – não é exigida.

Contudo, é necessário frisar que responderá a coletividade – o condomínio – caso não seja possível identificar de qual unidade efetivamente proveio o objeto causador do dano; e ainda só responderá a coletividade de unidades das quais fosse possível ter o objeto caído ou sido lançado.

Isso significa dizer que, num condomínio formado por diversas unidades habitacionais, responderá pelo dano a unidade da qual o objeto caiu ou foi lançado ou, caso não seja possível lhe identificar, a coletividade das unidades das quais fosse possível ter caído ou sido lançado o objeto, exonerando-se todas as outras as quais fosse fisicamente impossível ter o objeto causador do dano caído ou sido lançado. Destaque-se que, também, será objetiva a responsabilidade do condomínio quando não for possível, a menos a princípio, identificar a unidade da qual o objeto causador do dano tenha caído ou sido lançado, diante da presunção de negligência – culpa em sentido estrito – do síndico na fiscalização – culpa *in vigilando* – das áreas do condomínio.

Segundo Carlos Roberto Gonçalves, responsabilidade resultante de coisas líquidas e sólidas – *effusis* e *dejectis* – que caírem em lugar indevido:

> O art. 938 do Código Civil brasileiro pode ser considerado como exemplo mais flagrante da presunção de responsabilidade do guarda da coisa inanimada, em nosso direito. A vítima só tem de provar a relação de causalidade

entre o dano e o evento. A presunção de responsabilidade do chefe de família que habita a casa (dono, locatário, usufrutuário, comodatário) só é removível mediante prova de culpa exclusiva da vítima (por ter provocado a queda do objeto) ou força maior (que afasta a relação de causalidade). Na demonstração da culpa da vítima pode ser alegado que a coisa foi lançada em local adequado, destinado a esse fim (depósito de lixo, terreno interno), e que a vítima ali não deveria estar.[161]

Já para Flávio Tartuce, sobre a responsabilidade civil objetiva por danos oriundos de coisas lançadas dos prédios:

Prescreve o Código Civil que aquele que habitar uma casa ou parte dela responde pelos danos provenientes das coisas, sólidas ou líquidas, que dela caírem ou forem lançadas em lugar indevido (art. 938). Trata-se da responsabilidade civil por defenestramento ou por effusis et dejectis. A expressão defenestrar significa jogar fora pela janela. Esclareça-se que finestra, em italiano, quer dizer janela, ou em alemão Fenster, o que demonstra a origem do termo entre nós. Da mesma forma como ocorre nas situações anteriores, sigo a corrente doutrinária que entende que não importa que o objeto líquido (effusis) ou sólido (dejectis) tenha caído acidentalmente, pois ninguém pode colocar em risco a segurança alheia, o que denota a responsabilidade objetiva do ocupante diante de um risco criado. Conforme os comentários de Claudio Luiz Bueno de Godoy, "tem-se aí, já mesmo de acordo com o que se vinha entendendo acerca de igual previsão no CC/1916, responsabilidade sem culpa, pelo mesmo fundamento do preceito anterior, qual seja o dever de segurança que deve permear a guarda do que guarnece uma habitação".[162]

---

161 GONÇALVES, 2017, p. 222-223.
162 TARTUCE, 2018, p. 424.

REPARAÇÃO DO DANO

Ultrapassados os elementos que compõem a equação hipotética da responsabilidade civil, chega-se ao seu momento apoteótico, no qual o prejuízo causado deverá ser reparado, restaurando-se, destarte, a relação jurídica até então desequilibrada pela ação danosa do lesante em detrimento do interesse, patrimonial ou não, da vítima. Ou seja, uma vez identificada a ação, o dano e o nexo causal, o prejuízo causado deverá ser reparado. Reparar integralmente é justamente o mister da responsabilidade civil. Tem a responsabilidade civil o viés compensatório para o credor e, para o devedor, gera obrigação ressarcitória e com propósito punitivo.

Nesse contexto, o presente capítulo visa apresentar os modos de reparação, quem tem legitimidade para pleitear a reparação do dano sofrido, quem tem a obrigação de reparar, e como se chega ao montante devido a título de indenização.

1. REPARAÇÃO E SEUS MODOS

Todo o instituto da responsabilidade civil se baseia no dever geral de cautela estabelecido na nossa norma, ou seja, ninguém deve causar prejuízo a outrem, desequilibrando as relações sociais. Nada obstante, uma vez causado o prejuízo e presentes os elementos da responsabilidade civil, esse dano deve ser reparado. De acordo com Sílvio Venosa, a reparação do dano:

> O prejudicado deve provar que sofreu um dano, sem necessariamente indicar o valor, pois este poderá depender de aspectos a serem provados em liquidação. A avaliação do dano moral modificou substancialmente a doutrina tradicional de avaliação dos danos, como examinaremos. De qualquer forma, como reiterado, o dano é essencial para que ocorra a indenização.[163]

A reparação deverá ser realizada através do patrimônio do causador imediato do dano, ou, nos casos da responsabilidade civil pelo fato de terceiro, pelo responsável indireto. Destaque-se que o propósito maior da responsabilidade civil é ressarcitório, ficando o seu cunho punitivo em segundo plano. E essa é a grande diferença entre a responsabilidade civil e a responsabilidade penal. Paulo Lôbo assim trata do dever de reparação do dano:

---

[163] VENOSA, 2012, p. 37.

O fundamento do dever de reparação do dano reside no princípio de que o dano sofrido tem de ser reparado, sempre que possível, pelo responsável. O direito ora atende ao elemento volitivo do responsável, ora sua conduta objetivamente, ora à atividade perigosa sua ou de seus dependentes, ora a situação mesma da coisa. O dever de reparação é o correspondente ao direito à reparação, ou direito de crédito, que nasce com o dano e a composição do suporte fático da responsabilidade previsto na norma jurídica aplicável. Toda pretensão derivada de fato ilícito é pretensão à reparação, mesmo que se trate de direito a resposta ou de dano moral.[164]

A reparação poderá ocorrer de duas formas, restaurando-se o prejuízo causado como se não tivesse ocorrido, ou compensando-se por valor equivalente. Na primeira hipótese, tem-se a reparação específica, ou *in natura* e, na segunda, a reparação através de indenização. Rui Stoco, sobre as formas de reparação:

> De duas formas se processa o ressarcimento do dano: pela reparação natural ou específica e pela indenização pecuniária. O sistema da preparação específica corresponde melhor ao fim de restaurar, mas a indenização em dinheiro se legitima, subsidiariamente, pela consideração que o dano patrimonial acarreta diminuição do patrimônio e este é um conceito aritmétrico.[165]

Ainda sobre o tema, segundo Maria Helena Diniz:

> Dois são os modos de reparar o dano patrimonial:
> 1) A reparação específica ou in natura (sanção direta), que consiste em fazer com que as coisas voltem ao estado que teriam se não houvesse ocorrido o evento danoso. É preciso, todavia, deixar bem claro que nem sempre é possível a reconstituição natural e, às vezes, mesmo sendo possível, é inconveniente ao interesse do lesado. Para levar a efeito in natura será mister verificar a natureza do dano que se pretende indenizar.
> 2) Reparação por equivalente, ou melhor, indenização (sanção indireta), entendida como remédio sub-rogatório, de caráter pecuniário, do interesse atingido. Tal reparação jurídica se traduz por pagamento do equivalente em dinheiro. Pela indenização não se repõe na forma específica o bem lesado, mas se compensa o menoscabo patrimonial sofrido em razão do dano, restabelecendo o equilíbrio patrimonial em função do valor que representa o prejuízo.[166]

Pode-se pensar numa reparação *in natura* quando o causador do dano pode recompor a coisa lesada ao seu estado anterior ao dano,

---

164 LÔBO, 2019, p. 358.

165 STOCO, 2014, p. 1666.

166 DINIZ, 2010, p. 134-135.

como se nada tivesse ocorrido. Imagine um técnico em informática que por equívoco queima a memória do computador do cliente. Como havia feito o *backup* de todos os arquivos e como possui placa de memória idêntica, o técnico repara o dano causado *in natura*, sem que seja preciso recorrer a uma compensação pelo equivalente em dinheiro – a indenização. Paulo Lôbo, sobre a reparação *in natura*:

> Sempre que possível, prevalece a reparação *in natura*. Se a estátua foi quebrada, que se repare com outra estátua igual, do mesmo escultor. Se a reparação in natura é impossível, ou difícil, busca-se o equivalente com a reparação pecuniária. O lesado tem o direito a fixar prazo para que o autor do dano faça a reparação in natura, se ela é possível, findo o qual a reparação em dinheiro é exigível.[167]

Nessa esteira, nota-se que a reparação *in natura* é bem mais factível nos casos de danos patrimoniais, quando o prejuízo incide em bens materiais do lesado passíveis de substituição.

Na reparação específica, ou *in natura*, a coisa lesada é trazida ao seu estado anterior, porém nem sempre é possível se proceder com uma reparação específica. Além de possível, é preciso que seja da conveniência da vítima a reparação *in natura* do seu bem lesado. Portanto, quando impossível ou quando não for conveniente para o lesado, a reparação será por equivalência, ou por indenização. De acordo com Paulo Lôbo, sobre a reparação por indenização:

> Na atualidade, o dever de indenizar em dinheiro, que parecia ser o ponto mais sofisticado da consequência do dano, tem cedido a primazia para a reparação *in natura* e para a reparação específica. Porém, seja qual for o dano material, o seu valor, quando possível, deve ser fixado em dinheiro.[168]

Nesse contexto, a reparação específica será bem mais provável no campo do dano material direto, isso porque, nos danos patrimoniais indiretos, nos quais o interesse econômico fica em segundo plano e como consequência de um dano moral direto, a reparação específica se torna improvável no campo dos fatos.

Nada obstante, é possível se cogitar a reparação específica de um dano moral direto, como numa situação de agravo à honra do lesado, sendo o desagravo do lesante realizado da mesma maneira. Via de regra, no entanto, a reparação do dano moral direto será por equivalência, através de uma indenização.

---

[167] LÔBO, 2019, p. 359-361.
[168] LÔBO, 2019, p. 358.

Segundo Sílvio Venosa, sobre a reparação do dano moral:

> Dano moral é o prejuízo que afeta o ânimo psíquico, moral e intelectual da vítima. Sua atuação é dentro dos direitos da personalidade. Nesse campo, o prejuízo transita pelo imponderável, daí porque aumentam as dificuldades de se estabelecer a justa recompensa pelo dano. Em muitas situações, cuida-se de indenizar o inefável. Não é também qualquer dissabor comezinho da vida que pode acarretar a indenização. Aqui, também é importante o critério objetivo do homem médio, o bônus pater famílias: não se levará em conta o psíquico do homem excessivamente sensível, que se aborrece com fatos diuturnos da vida, nem o homem de pouca ou nenhuma sensibilidade, capaz de resistir sempre às rudezas do destino. Nesse campo, não há fórmulas seguras para auxiliar o juiz. Cabe ao magistrado sentir em cada caso o pulsar da sociedade que o cerca. O sofrimento como contraposição reflexa da alegria é uma constante do comportamento humano universal.[169]

Sobre a reparação do dano moral, Paulo Lôbo se posiciona:

> No dano moral, a reparação pode consistir no simples reconhecimento judicial, como nas conhecidas ações de um dólar, nos Estados Unidos. Deve, contudo, ser proporcional à intensidade das repercussões na reputação do ofendido, máxime se for pessoa de conhecimento público ou de atividade profissional que dependa da confiança que inspire. Tem sido difícil a quantificação do valor, na jurisprudência dos tribunais e na doutrina, por seu inevitável componente de subjetividade, mas não deve servir de óbice à reparação devida, fundada em critérios de equidade e no princípio da razoabilidade, de modo que não seja tão grande que provoque enriquecimento sem causa, nem tão pequena que não seja compensadora.[170]

Interessante a conclusão de Rui Stoco sobre a reparação do dano moral:

> Cuidando-se de dano material, incide a regra da *restitutio in integrum* do art. 944 do CC/02, de modo que "a indenização mede-se pela extensão do dano", não obstante regra relativizada no parágrafo único dessa norma. Tratando-se de dano moral, nas hipóteses em que a lei não estabelece os critérios de reparação, impõe-se obediência ao que podemos chamar de "binômio do equilíbrio", de sorte que a compensação pela ofensa irrogada não deve ser fonte de enriquecimento para quem recebe, nem causa da ruína para quem dá. Mas também não pode ser tão apequenada que não sirva de desestímulo ao ofensor, ou tão insignificante que não compense e satisfaça o ofendido, nem o console e contribua para a superação do agravo recebido.[171]

A respeito da indenização pelo dano moral, Sílvio Venosa assim se posiciona:

---

[169] VENOSA, 2012, p. 46.

[170] LÔBO, 2019, p. 363.

[171] STOCO, 2014, p. 1668.

A indenização pelo dano exclusivamente moral não possui o acanhado aspecto de reparar unicamente o *pretium doloris*, mas busca restaurar a dignidade do ofendido. Por isso, não há que se dizer que a indenização por dano moral é um preço que se paga pela dor sofrida. É claro que é isso e muito mais. Indeniza-se pela dor da morte de alguém querido, mas indeniza-se também quando a dignidade do ser humano é aviltada com incômodos anormais na vida em sociedade.[172]

Quando se fala em reparação por equivalência, ou por indenização, tem-se um remédio pecuniário, substitutivo, para compensar o prejuízo sofrido pela vítima. Tal modalidade de reparação visa uma equivalência em dinheiro. O prejuízo financeiro é compensado pelo equivalente em dinheiro.

Para se encontrar o valor da indenização, é necessário identificar a modalidade de prejuízo sofrido pelo lesado, se na sua esfera patrimonial ou moral e, ainda, se o dano é patrimonial direto ou indireto, ou se é moral direto ou indireto. Após isso, é preciso delimitar a extensão do dano, sendo certo que o propósito maior da responsabilidade civil é o de reparar todo o dano causado à vítima. Essa é a inteligência constante no art. 944 do Código Civil, quando afirma que a indenização será medida pela extensão do dano.

> Art. 944. A indenização mede-se pela extensão do dano.
> Parágrafo único. Se houver excessiva desproporção entre a gravidade da culpa e o dano, poderá o juiz reduzir, equitativamente, a indenização.

Para Sílvio Venosa, sobre a indenização:

> Somente haverá possibilidade de indenização, como regra, se o ato ilícito ocasionar dano. Cuida-se, portanto, do dano injusto, aplicação do princípio pelo qual a ninguém é dado prejudicar outrem (*neminem lardere*). Em concepção mais moderna, pode-se entender que a expressão dano injusto traduz a mesma noção de lesão a um interesse, expressão que se torna mais própria modernamente, tendo em vista o vulto que tomou a responsabilidade civil.[173]

Nesse particular, é preciso fazer uma distinção entre a responsabilidade civil contratual e extracontratual. Na contratual, quase sempre o dano moral será indireto, ou seja, decorrente de um dano material direto gerado em virtude do descumprimento do contrato. Contudo, no campo das possibilidades, nada obsta que do descumprimento de um contrato, pela mora ou pelo inadimplemento, decorra um dano moral direto em situações nas quais o propósito do contrato não guardava nenhuma finalidade pecuniária.

---

[172] VENOSA, 2012, p. 312.
[173] VENOSA, 2012, p. 37.

Observe-se, por exemplo, a contratação do serviço especializado de uma assistência técnica em relógios raros para restaurar um relógio antigo deixado como herança de um pai para o seu filho. Por descuido da empresa, o relógio desaparece. O propósito do serviço de restauração contratado não é pecuniário, mas sim estritamente relacionado ao valor emocional que o relógio tem para o filho. Desse exemplo acima decorreria um dano moral direto a partir do descumprimento de um contrato de prestação de serviços.

Um detalhe importe reside no fato de que só caberá indenização por danos morais caso não tenha sido contratada cláusula penal,[174] isso porque – nos termos do art. 944 do Código Civil, a reparação do dano deve ser integral, mas não deverá ultrapassar a extensão do dano, sob pena de beneficiar o lesado, enriquecendo-o sem causa.

Conforme expõe a doutrina, tem-se duas modalidades de cláusula penal: a moratória, que visa estimular o cumprimento das obrigações na forma e tempo contratado; e a compensatória, que tem o propósito de compensar o devedor em caso de inadimplemento.

Em razão do princípio da reparação integral, não se permite a cumulação dos institutos da cláusula penal e da indenização por danos morais, sob pena da reparação ultrapassar o dano efetivamente sofrido e, portanto, gerar enriquecimento sem causa em decorrência da duplicidade das compensações. Segundo Rui Stoco, sobre a indenização:

---

[174] DIREITO CIVIL. PENA CONVENCIONAL E INDENIZAÇÃO POR PERDAS E DANOS. Não se pode cumular multa compensatória prevista em cláusula penal com indenização por perdas e danos decorrentes do inadimplemento da obrigação. Enquanto a cláusula penal moratória manifesta com mais evidência a característica de reforço do vínculo obrigacional, a cláusula penal compensatória prevê indenização que serve não apenas como punição pelo inadimplemento, mas também como prefixação de perdas e danos. A finalidade da cláusula penal compensatória é recompor a parte pelos prejuízos que eventualmente decorram do inadimplemento total ou parcial da obrigação. Tanto assim que, eventualmente, sua execução poderá até mesmo substituir a execução do próprio contrato. Não é possível, pois, cumular cláusula penal compensatória com perdas e danos decorrentes de inadimplemento contratual. Com efeito, se as próprias partes já acordaram previamente o valor que entendem suficiente para recompor os prejuízos experimentados em caso de inadimplemento, não se pode admitir que, além desse valor, ainda seja acrescido outro, com fundamento na mesma justificativa – a recomposição de prejuízos. Ademais, nessas situações sobressaem direitos e interesses eminentemente disponíveis, de modo a não ter cabimento, em princípio, a majoração oblíqua da indenização prefixada pela condenação cumulativa em perdas e danos. REsp 1.335.617-SP, Rel. Min. Sidnei Beneti, julgado em 27/3/2014 (Informativo nº 0540).

Indenizar significa reparar o dano causado à vítima, integralmente. Se possível, restaurando o *statu quo ante*, isto é, devolvendo-a ao estado em que se encontrava antes. Todavia, como na maioria dos casos se torna impossível tal desiderato, busca-se uma compensação em forma de pagamento de uma indenização de caráter monetário.[175]

Sílvio Venosa assim define o papel da indenização:

> A indenização em geral, por danos materiais ou não, possui em si própria um conteúdo que extrapola, ou mais propriamente, se desloca da simples reparação de um dano. Costumamos afirmar que a indenização, qualquer que seja sua natureza, nunca representará a recomposição efetiva de algo que se perdeu, mas mero lenitivo (substitutivo, diriam os mais tradicionalistas) para a perda, seja esta de cunho material ou não. Desse modo, sob certos prismas, a indenização pode representar mais ou menos o que se perdeu, mas nunca exatamente aquilo que se perdeu. O ideal da chamada justa indenização é sempre buscado, mas mui raramente ou quiçá nunca atingido.[176]

Denota-se, portanto, que a reparação poderá ser específica ou por equivalência, através da indenização, conforme demonstra o Quadro 22 a seguir.

Quadro 22 – Modos de reparação

Específica	O causador do dano pode recompor a coisa lesada ao seu estado anterior ao dano, como se nada tivesse ocorrido.	
Por equivalência	Quando impossível ou quando não for conveniente para o lesado, a reparação será por equivalência, ou por indenização.	Remédio pecuniário, substitutivo, para compensar o prejuízo sofrido pela vítima. Tal modalidade de reparação visa uma equivalência em dinheiro. O prejuízo financeiro é compensado pelo equivalente em dinheiro.

Fonte: Elaborado pelo autor.

2. DEVEDORES DA REPARAÇÃO

Deverá reparar aquele que causou o dano, ou seja, aquele que, por ação ou omissão voluntária, causou prejuízo, material ou extrapatrimonial, a outrem, conforme art. 186 do Código Civil.

> Art. 186. Aquele que, por ação ou omissão voluntária, negligência ou imprudência, violar direito e causar dano a outrem, ainda que exclusivamente moral, comete ato ilícito.

---

[175] STOCO, 2014, p. 1665.

[176] VENOSA, 2012, p. 311-312.

Tem-se a regra geral da responsabilidade direta, no sentido de que deverá indenizar aquele que causou o dano, mas a norma jurídica contempla hipótese de responsabilidade indireta, nos casos de responsabilidade civil pelo fato de outrem ou pelo fato da coisa animada.

> Art. 936. O dono, ou detentor, do animal ressarcirá o dano por este causado, se não provar culpa da vítima ou força maior.

Sendo a ação danosa praticada por mais de um agente, todos serão solidariamente responsáveis pela reparação do dano causado.

> Art. 942. Os bens do responsável pela ofensa ou violação do direito de outrem ficam sujeitos à reparação do dano causado; e, se a ofensa tiver mais de um autor, todos responderão solidariamente pela reparação.
> Parágrafo único. São solidariamente responsáveis com os autores os co-autores e as pessoas designadas no art. 932 .

A respeito do sujeito passivo da ação de indenização, Rui Stoco assim se posiciona:

> Réu ou requerido será aquele que for apontado como causador do dano. Isto porque a qualidade de sujeito passivo em ações que tais é indicada no art. 186 do cc/02: réu é todo aquele que, por omissão voluntária, negligência ou imprudência, violar ou causar prejuízo a outrem. O menor absolutamente incapaz, se estiver sob pátrio poder (ou poder familiar, segundo a dicção do art. 1630 do cc/2002) ou tutela, será representado pelo pai, mãe ou tutor e se relativamente incapaz, será apenas assistido.[177]

Sobre os devedores da indenização, Maria Helena Diniz assim define:

> Sendo o dano um pressuposto da responsabilidade civil, será obrigado a repará-lo aquele a quem a lei onerou com tal responsabilidade, salvo se ele puder provar alguma causa de escusa. Deveras, os arts. 186 e 927 do Código Civil indicam a qualidade de sujeito passivo do dano, pois réu será a pessoa que, por ação ou omissão voluntária, negligência ou imprudência, violar ou causar prejuízo a outrem. Se o dano foi provocado por uma só pessoa, apenas ela deverá responder pela indenização oriunda do ato lesivo que praticou.[178]

---

177 STOCO, 2014, p. 359.
178 DINIZ, 2010, p. 217.

Destaque-se que a obrigação de reparar se transmite com a herança e até as suas forças. Ou seja, vindo o lesante a falecer, a obrigação de reparar o dano que causou em vida será transmitida aos seus herdeiros, até as forças da herança, o que significa dizer que os herdeiros não arcarão com os seus patrimônios particulares na reparação do dano causado pelo falecido. Portanto, conclui-se que o lesado poderá demandar o espólio e até mesmo se habilitar no inventario do lesante falecido.

A partir do Quadro 23 a seguir, depreende-se que a obrigação de reparar o dano poderá ser do lesante que pessoalmente praticou a ação danosa como também de terceiro que, embora não tenha praticado a ação, responderá pelo fato de terceiro ou da coisa animada ou inanimada.

Quadro 23 – Devedores da reparação

Responsável direto	Aquele que praticou a ação danosa
Responsável indireto	Pelo fato de outrem: art. 932 do Código Civil Pelo fato da coisa: - animada: art. 936 do Código Civil - inanimada: arts. 937 e 938 do Código Civil
Transmissão da obrigação de reparar para o espolio do *de cujus* lesante	A obrigação de reparar se transmite com a herança e ate as suas forcas

Fonte: Elaborado pelo autor.

3. TITULARES DA REPARAÇÃO

Será titular do direito à reparação e, portanto, legitimado para ajuizar a ação reparatória, o lesado pela ação, comissiva ou omissiva, do agente, que tenha agido com ou sem culpa. Essa é a hipótese de titularidade do direito à reparação do lesado direto. Segundo Paulo Lôbo, os titulares da indenização:

> Em princípio, somente o lesado diretamente pelo dano tem direito a reparação, não o tendo o terceiro que mediatamente foi ofendido ou prejudicado, a exemplo do credor de alguém que sofreu acidente e atrasou o pagamento. Às vezes, o direito permite a reparação a terceiro, como no caso do marido ofendido pela acusação de adultério de sua mulher. O direito à reparação comunica-se com o cônjuge, no caso dos regimes matrimoniais de comunhão parcial, ou comunhão universal, ou de participação final nos aquestos. Do mesmo modo, é objeto de sucessão aos herdeiros, pois, no dizer do Código Civil, o direito de exigir reparação e o dever de prestá-la transmitem-se com a herança, exceto nos casos que a lei excluir.[179]

---

[179] LÔBO, 2019, p. 359-360.

Ou seja, sempre que configurados os elementos da equação hipotética da responsabilidade civil – ação + dano + nexo de causalidade = obrigação de reparar –, será o lesado direto titular do direito à reparação e, portanto, terá legitimidade para propor a ação reparatória. Para Rui Stoco, a respeito do sujeito ativo da ação de indenização:

> Em princípio a *legitimatio ad causam* envolve a indagação fundamental de quem tem o título ativo para movimentar a pretensão. A regra geral é no sentido de que o direito de ação compete a quem tem o interesse legítimo à pretensão. Logo no primeiro plano coloca-se a vítima.
> O prejudicado pelo procedimento danoso tem o direito da ação. Sendo ele quem sofreu o dano (patrimonial ou moral) é o sujeito ativo da relação processual.[180]

No entanto, é possível que a ação do lesante repercuta não apenas na vítima direta, mas que também atinja – indiretamente, outras pessoas vinculadas ao lesado direto.

> Art. 12. Pode-se exigir que cesse a ameaça, ou a lesão, a direito da personalidade, e reclamar perdas e danos, sem prejuízo de outras sanções previstas em lei.
> Parágrafo único. Em se tratando de morto, terá legitimação para requerer a medida prevista neste artigo o cônjuge sobrevivente, ou qualquer parente em linha reta, ou colateral até o quarto grau.

Nesse contexto, pode-se dizer que poderão pleitear reparação na qualidade de lesados indiretos: os herdeiros, o cônjuge, os integrantes da família, os dependentes econômicos do lesado direto. De acordo com Maria Helena Diniz, os titulares da ação ressarcitória:

> É evidente que a exigibilidade do ressarcimento do dano pertencente a todos os efetivamente experimentaram o prejuízo, isto é, aos lesados diretos ou indiretos (CC, arts. 12, parágrafo único, e 943, 1ª parte). Assim sendo, caberá, em sua pessoa, o direito de pleitear, judicialmente, a indenização, desde que prove o liame de causalidade, o prejuízo, a culpabilidade do lesante, se, obviamente, não se tratar de culpa presumida ou de responsabilidade objetiva. Poderão apresentar-se, por meio de seus representantes legais, na qualidade de lesados diretos de dano moral os menores impúberes, os deficientes mentais, os loucos, os portadores de arteriosclerose, porque, apesar de carecerem de discernimento, o ressarcimento do dano não é considerado como a reparação do sentimento, mas como uma indenização objetiva de um bem jurídico violado.[181]

---

[180] STOCO, 2014, p. 335.
[181] DINIZ, 2010, p. 213.

Segundo Maria Helena Diniz, também é possível que o empregador, o sócio e o credor ajuízem ação de reparação de danos, na qualidade de lesados indiretos, pelos danos causados ao empregado, ao sócio e pelos danos materiais causados ao devedor.[182]

Entretanto, quando se fala em lesados indiretos, necessário distinguir os danos materiais e os danos morais. Isso porque, é de fácil compreensão que uma ação possa acarretar um dano patrimonial nos lesados indiretos que, por exemplo, deixam de receber o suporte financeiro do diretamente lesado que perdeu a sua capacidade laborativa, não mais podendo pensionar os seus filhos.

Contudo, tratando-se do caráter intransmissível dos danos morais, a princípio, seria inconcebível a possibilidade de lesados indiretos por tal modalidade de dano. Não obstante, a doutrina e jurisprudência tem permitido que, em determinadas situações, ocorra o dano extrapatrimonial em terceiros, chamados de lesados indiretos, que serão legitimados para a propositura da ação reparatória. Quanto a isso, se vai mais além, existindo uma presunção relativa (*juris tantum*) de que ascendentes, descendentes, cônjuges e irmãos sofrem dano moral, enquanto lesados indiretos, em havendo ofensa a pessoas da família. A presunção relativa, destaque-se, comporta prova em contrário.

É de se destacar que o lesado direto poderá propor a ação reparatória e, no caso do seu falecimento, tal ação será transmitida aos seus sucessores, conforme regra do art. 43 do Código de Processo Civil e do art. 943 do Código Civil. Os lesados indiretos ajuizarão a ação reparatória *jure próprio*.[183]

> Art. 43. Determina-se a competência no momento do registro ou da distribuição da petição inicial, sendo irrelevantes as modificações do estado de fato ou de direito ocorridas posteriormente, salvo quando suprimirem órgão judiciário ou alterarem a competência absoluta.
> Art. 943. O direito de exigir reparação e a obrigação de prestá-la transmitem-se com a herança.

O Quadro 24 a seguir indica como lesado direto quem sofre o dano imediatamente, bem como relaciona os lesados indiretos, que sofrem o dano mediatamente.

---

[182] DINIZ, 2010, p. 216.
[183] Em razão do próprio direito.

Quadro 24 – Titulares da reparação

Lesado direto	Aquele que sofreu o dano diretamente
Lesado indireto	Herdeiros Cônjuge Integrantes da família dependentes econômicos do lesado direto Empregador Sócio Credor

Fonte: Elaborado pelo autor.

4. LIQUIDAÇÃO DO DANO

Como já foi pontuado nesse livro, a extensão do dano será a medida da obrigação de reparar, não podendo a condenação ser menor do que o dano em si, sob pena da reparação não ser integral, nem mesmo maior, para não gerar à vítima do dano enriquecimento sem causa.

Nesse cenário, o julgador tem papel fulcral no momento da condenação do lesante na obrigação de reparar, devendo indicar com precisão cirúrgica a modalidade de condenação e a sua respectiva repercussão financeira. Naturalmente, a quantificação do dano patrimonial será bem mais simples do que mensurar um dano moral e/ou estético. Para efeito da condenação na obrigação de reparar, o julgador deve considerar alguns fatores, na busca do equilíbrio que justifica a reparação integral, sem gerar enriquecimento sem causa.

Nesse diapasão, além da extensão do dano, deverá considerar a gravidade da culpa e as condições pessoais do lesante e da vítima do dano, cumprindo com os propósitos compensatórios, punitivos e pedagógicos da reparação.

Diante da regra contida no art. 944 do Código Civil, não se pode olvidar que reparar o dano na sua totalidade – reparação integral –, é o dever do instituto da responsabilidade civil. Entretanto, seguindo o art. 945 do Código Civil, é igualmente preciso verificar a gravidade da culpa do lesante, bem como a possibilidade de concorrência de culpa para o advento do dano.

Uma vez verificados esses dois fatores, em ordem hierárquica – extensão do dano e gravidade da culpa –, passa-se a análise das condições pessoais dos atores – lesante e lesado – envolvidos na relação casuística da qual decorreu um dano. Ora, isto se faz necessário porque o instituto da responsabilidade civil, sob pena do cometimento de injustiças, deve se amoldar a realidade do caso concreto, tratando-se de uma verificação pontual e que não deve seguir padrões alhures à relação jurídica estabelecida entre as partes. Quanto a isso, reitera-se que o princípio da reparação integral não é regra absoluta, devendo ser mitigado em havendo excessiva desproporção entre a gravidade da culpa e o dano e, também, para a tutela de interesses de incapazes e de seus familiares.[184]

O Código Civil contempla, no seu art. 944, a possibilidade de decisão por equidade nos casos de excessiva desproporção entre a culpa do lesante e o resultado danoso. Ou seja, sempre que a culpa do lesante for leve ou levíssima, o julgador estará autorizado a, a partir de uma análise casuística, reduzir o montante da indenização.

> Art. 944. A indenização mede-se pela extensão do dano.
> Parágrafo único. Se houver excessiva desproporção entre a gravidade da culpa e o dano, poderá o juiz reduzir, equitativamente, a indenização.

E decidir por equidade justamente significa adaptar a norma as situações específicas do caso concreto, buscando-se maior justiça na aplicação da lei. Além disso, tem-se os casos de concurso, ou concorrência de culpa, quando lesante e lesado contribuem para o advento do dano. Mais uma vez, a partir de uma análise das circunstâncias do caso concreto, o julgador irá verificar o grau de culpabilidade de cada um dos agentes, estipulando o valor da condenação conforme a concorrência de cada um deles nas causas ou na responsabilidade da qual decorreu o dano. Nada obstante, por exemplo, que as culpas sejam proporcionais e que, para efeitos práticos, o valor da reparação seja compensado.

> Art. 945. Se a vítima tiver concorrido culposamente para o evento danoso, a sua indenização será fixada tendo-se em conta a gravidade de sua culpa em confronto com a do autor do dano.

Liquidar, em sentido prático, significa transformar a condenação em valor pecuniário correspondente. Mensurar o que representa, em dinheiro, os prejuízos amargados pela vítima, sejam eles de natureza patrimonial, extrapatrimonial, estética etc. Segundo Maria Helena Diniz, a respeito da liquidação do dano:

> O credor tem o direito de receber o que lhe é devido; daí a importância de se saber se a obrigação é líquida ou ilíquida, pois, se for líquida, poderá haver penhora dos bens do devedor, o que será impossível se ilíquida. A obrigação será líquida se certa quanto à existência e determinada quanto ao seu objeto. Seu objeto é certo e individuado, logo tal obrigação deverá especificar, ex-

---

[184] O julgador é autorizado a reduzir proporcionalmente o valor da indenização para proteger os interesses de incapazes e seus familiares, *ex vi* previsão do parágrafo único do art. 928 do Código Civil.

pressamente, a qualidade, quantidade e natureza do objeto devido, por isso não dependerá de qualquer providência para que seja cumprida.[185]

Na liquidação o montante da indenização é alcançado. É forma de instrumentalizar a obrigação de reparar, uma vez que a indenização é espécie do gênero reparação. Destaque-se que a reparação poderá ser específica, ou *in natura*, ou por equivalência – através da indenização. E é por tudo isso que a liquidação do dano é tão importante. A respeito da liquidação do dano, Venosa expõe:

> A liquidação é o ponto culminante da ação indenizatória, na fase de execução, qual seja, tornar real e efetiva a reparação para a vítima, nos parâmetros estabelecidos pelo art. 402. Destarte, têm que ser avaliados os danos materiais e danos morais, conforme os princípios que vimos anteriormente. Há particularidades, no entanto, que a lei cuida de forma especial. Para que essa indenização não se torne inócua, é necessário que, no caso de prestações periódicas ou firmadas para o futuro, sejam protegidas pela correção monetária, matéria que muito nos afligiu no passado, mas que nunca perderá atualidade.[186]

Já para Paulo Lôbo, com relação à liquidação do dano:

> Quando se sabe qual o montante da dívida diz-se líquida (e o respectivo direito). Pode-se ter certeza do direito, mas não ser líquido. É preciso que se liquide (procedimento de liquidação), para se saber o que há de prestar o devedor, como ocorre com quase todas as situações de dano. A dívida, embora líquida, é sempre certa; não há dívidas ilíquidas e incertas. A liquidação pode ser amigável, dispensando-se o processo judicial próprio. As dificuldades naturais para a liquidação dos danos materiais ou morais não são óbices para que se efetive, mesmo que a cada passo se encontre divergências quanto à determinação de valor, de índices, de preços de mercado, de depreciação, de valorização, de valor estimativo, de volume, de peso, das medidas.[187]

O art. 946 do Código Civil indica que a indenização poderá ser prevista na lei ou no contrato – através da cláusula penal –, ou mesmo pelo procedimento previsto no Código de Processo Civil.

> Art. 946. Se a obrigação for indeterminada, e não houver na lei ou no contrato disposição fixando a indenização devida pelo inadimplente, apurar-se-á o valor das perdas e danos na forma que a lei processual determinar.

Necessário deixar claro que a liquidação é a forma de se encontrar o montante da reparação por equivalência, ou seja, da reparação por inde-

---

[185] DINIZ, 2010, p. 220.
[186] VENOSA, 2012, p. 324.
[187] LÔBO, 2019, p. 374.

nização. Portanto, conforme estabelece o art. 946 do Código Civil que, quando a lei ou o contrato, mediante a cláusula penal, não indicarem o valor da obrigação, esse poderá ser encontrado através da liquidação.

Existem algumas formas para proceder à liquidação do valor da obrigação de reparar, encontrando-se o montante da indenização. Segundo Maria Helena Diniz, a fixação do valor da indenização pode ser da seguinte forma:

> 1) Liquidação legal (RT, 584:152), se a própria lei determinar seu contorno e o meio de efetivação do pagamento, p. ex., nas hipóteses previstas no Código Civil, arts. 948 a 954, e nos acidentes de trabalho. A lei não determina o quantum da indenização nem o modo pelo qual deve ser calculada, mas visa declarar em que deve consistir a indenização nos casos de homicídio, lesão corporal, injúria, difamação ou calúnia, ofensa à liberdade pessoal, usurpação ou esbulho do alheio, estabelecendo os elementos constitutivos da composição do dano, ou melhor, critérios de indenização. 2) Liquidação convencional, se o ressarcimento do dano se perfizer por acordo de vontade das partes interessadas que estipulam seu quantum e suas condições. Os interessados, no intuito de evitar um litígio, mediante transação, determinam, amigavelmente, o montante da indenização e as formas de entenderem satisfatórias. 3) Liquidação judicial, se se efetivar, em juízo, mediante a atuação do magistrado, obedecendo, conforme o dano, aos critérios processuais estabelecidos no Código de Processo Civil. Há danos que podem ser avaliados por mera operação aritmética; outros requerem para tanto o arbitramento (CPC, arts. 475-C e 475- D, com redação da Lei n. 11.232/2005) ante a impossibilidade de avaliar matematicamente o quantitativo pecuniário a que tem direito o ofendido.[188]

4.1. LIQUIDAÇÃO LEGAL

A liquidação legal, prevista nos arts. 948 a 954 do Código Civil, se aplica para os casos de homicídio; lesão ou outra ofensa à saúde da vítima; usurpação ou esbulho do alheio; injúria, difamação ou calúnia; ofensa à liberdade pessoal.

> Art. 948. No caso de homicídio, a indenização consiste, sem excluir outras reparações:
> I – no pagamento das despesas com o tratamento da vítima, seu funeral e o luto da família;
> II – na prestação de alimentos às pessoas a quem o morto os devia, levando-se em conta a duração provável da vida da vítima.
> Art. 949. No caso de lesão ou outra ofensa à saúde, o ofensor indenizará o ofendido das despesas do tratamento e dos lucros cessantes até ao fim da convalescença, além de algum outro prejuízo que o ofendido prove haver sofrido.

---

[188] DINIZ, 2010, p. 227.

Art. 950. Se da ofensa resultar defeito pelo qual o ofendido não possa exercer o seu ofício ou profissão, ou se lhe diminua a capacidade de trabalho, a indenização, além das despesas do tratamento e lucros cessantes até ao fim da convalescença, incluirá pensão correspondente à importância do trabalho para que se inabilitou, ou da depreciação que ele sofreu.
Parágrafo único. O prejudicado, se preferir, poderá exigir que a indenização seja arbitrada e paga de uma só vez.
Art. 951. O disposto nos arts. 948, 949 e 950 aplica-se ainda no caso de indenização devida por aquele que, no exercício de atividade profissional, por negligência, imprudência ou imperícia, causar a morte do paciente, agravar-lhe o mal, causar-lhe lesão, ou inabilitá-lo para o trabalho.
Art. 952. Havendo usurpação ou esbulho do alheio, além da restituição da coisa, a indenização consistirá em pagar o valor das suas deteriorações e o devido a título de lucros cessantes; faltando a coisa, dever-se-á reembolsar o seu equivalente ao prejudicado.
Parágrafo único. Para se restituir o equivalente, quando não exista a própria coisa, estimar-se-á ela pelo seu preço ordinário e pelo de afeição, contanto que este não se avantaje àquele.
Art. 953. A indenização por injúria, difamação ou calúnia consistirá na reparação do dano que delas resulte ao ofendido.
Parágrafo único. Se o ofendido não puder provar prejuízo material, caberá ao juiz fixar, equitativamente, o valor da indenização, na conformidade das circunstâncias do caso.
Art. 954. A indenização por ofensa à liberdade pessoal consistirá no pagamento das perdas e danos que sobrevierem ao ofendido, e se este não puder provar prejuízo, tem aplicação o disposto no parágrafo único do artigo antecedente.
Parágrafo único. Consideram-se ofensivos da liberdade pessoal:
I – o cárcere privado;
II – a prisão por queixa ou denúncia falsa e de má-fé;
III – a prisão ilegal.

4.2. LIQUIDAÇÃO CONVENCIONAL

É possível que as partes concordem quanto a forma de liquidar a sentença e então encontrar o valor da indenização. A liquidação convencional faz sentido para evitar que o litígio seja prolongado e, naturalmente, haja maior demora no recebimento da reparação, pelo lesado, e seu valor seja corrigido monetariamente no decorrer do tempo, em desfavor do lesante.

4.3. LIQUIDAÇÃO JUDICIAL

A liquidação será judicial quando seguir o procedimento previsto no Código de Processo Civil, nos seus arts. 475 a 475-F. Mas a liquidação somente será necessária quando a sentença não determinar o valor devido a título da indenização e, também, quando para encontrar tal valor seja exigido mais do que um simples cálculo aritmético. Isso porque o art. 475-B do Código de Processo Civil prevê que para casos nos quais o valor da indenização possa ser encontrado a partir de "[...] cálculo aritmético, o credor requererá o cumprimento da sentença, na forma do art. 475-J desta Lei, instruindo o pedido com a memória discriminada e atualizada do cálculo."

> Art. 475 – A. Quando a sentença não determinar o valor devido, procede-se à sua liquidação.
> §1º. Do requerimento de liquidação de sentença será a parte intimada, na pessoa de seu advogado.
> §2º. A liquidação poderá ser requerida na pendência de recurso, processando-se em autos apartados, no juízo de origem, cumprindo ao liquidante instruir o pedido com cópias das peças processuais pertinentes.
> §3º. Nos processos sob procedimento comum sumário, referidos no art. 275, inciso II, alíneas d e e desta Lei, é defesa a sentença ilíquida, cumprindo ao juiz, se for o caso, fixar de plano, a seu prudente critério, o valor devido.
> Art. 475-B. Quando a determinação do valor da condenação depender apenas de cálculo aritmético, o credor requererá o cumprimento da sentença, na forma do art. 475-J desta Lei, instruindo o pedido com a memória discriminada e atualizada do cálculo.
> §1º Quando a elaboração da memória do cálculo depender de dados existentes em poder do devedor ou de terceiro, o juiz, a requerimento do credor, poderá requisitá-los, fixando prazo de até trinta dias para o cumprimento da diligência.
> §2º Se os dados não forem, injustificadamente, apresentados pelo devedor, reputar-se-ão corretos os cálculos apresentados pelo credor, e, se não o forem pelo terceiro, configurar-se-á situação prevista no art. 362.
> §3º Poderá o juiz valer-se do contador do juízo, quando a memória apresentada pelo credor aparentemente exceder os limites da decisão exequenda e, ainda, nos casos de assistência judiciária.
> §4º Se o credor não concordar com os cálculos feitos nos termos do §3º deste artigo, far-se-á execução pelo valor originariamente pretendido, mas a penhora terá por base o valor encontrado pelo contador.

4.3.1. LIQUIDAÇÃO JUDICIAL POR ARBITRAMENTO

A liquidação também poderá ser por arbitramento, quando a sentença assim estipular, quando for convencionado pelas partes, bem como quando a natureza do objeto da liquidação exigir. Nesses casos, o julgador nomeará um especialista que emitirá um laudo.

> Art. 475-C. Far-se-á a liquidação por arbitramento quando:
> I – determinado pela sentença ou convencionado pelas partes;
> II – o exigir a natureza do objeto da liquidação.

Art. 475-D. Requerida a liquidação por arbitramento, o juiz nomeará o perito e fixará o prazo para a entrega do laudo.
Parágrafo único. Apresentado o laudo, sobre o qual poderão as partes manifestar-se no prazo de dez dias, o juiz proferirá decisão ou designará, se necessário, audiência.

4.3.2. LIQUIDAÇÃO JUDICIAL POR ARTIGOS

Contudo, em alguns casos, para alcançar o montante da indenização, através da liquidação, faz-se necessário produzir provas para demonstrar fato novo. Nesses casos, a liquidação será por artigos.

Art. 475-E. Far-se-á a liquidação por artigos, quando, para determinar o valor da condenação, houver necessidade de alegar e provar fato novo.
Art. 475-F. Na liquidação por artigos, observar-se-á, no que couber, o procedimento comum (art. 272).

Abaixo, o Quadro 25 sintetiza as formas de liquidação utilizadas para se encontrar o valor devido pelo lesante para reparar o prejuízo causado, quando a reparação ocorrer através da indenização.

Quadro 25 – Formas de liquidação

Legal	Forma prevista nos arts. 948 a 954 do Código Civil para se alcançar o valor da indenização, para os casos de: homicídio; lesão ou outra ofensa à saúde da vítima; usurpação ou esbulho do alheio; injúria, difamação ou calúnia; ofensa à liberdade pessoal.			
Convencional	Partes concordam quanto a forma de liquidar a sentença e então encontrar o valor da indenização.			
Judicial	Quando seguir o procedimento previsto nos arts. 475 a 475 – F do Código de Processo Civil.	Arbitramento	Perito será nomeado e emitirá um laudo.	Art. 475-C CPC
		Artigos	Necessário produzir provas para demonstrar fato novo	Art. 475-E CPC Art. 475-F CPC
		Cumprimento de sentença	Quando a determinação do valor da condenação depender apenas de cálculo aritmético.	Art. 475-B CPC

Fonte: Elaborado pelo autor.

REFERÊNCIAS

AGUIAR DIAS, José de. *Da responsabilidade civil*. 9. ed. rev. e atual. Rio de Janeiro: Forense. 1994. v. 2.

ALVIM, Agostinho. *Da inexecução das obrigações e suas consequências*. 5. ed. São Paulo: Saraiva,

BITTAR, Carlos Alberto. *Responsabilidade Civil nas Atividades Nucleares*. Tese apresentada ao curso de livre-docência para o Departamento de Direito Civil da Faculdade de Direito da Universida de São Paulo, São Paulo, 1982.

BOLESINA, Iuri. *Responsabilidade Civil*. Erechim: Deviant, 2019.

BRASIL. Supremo Tribunal Federal. Súmula 492. A empresa locadora de veículos responde, civil e solidariamente com o locatário, pelos danos por este causados a terceiro, no uso do carro locado. Brasília, DF. Disponível em: http://www.stf.jus.br/portal/jurisprudencia/menuSumarioSumulas.asp?sumula=2628. Acesso em: 4 maio 2020.

BRASIL. Código Civil. Lei nº 10.406, de 10 de janeiro de 2002. Institui o Código Civil. Diário Oficial da União. Brasília, DF, 11 de janeiro de 2002. Disponível em: http://www.planalto.gov.br/ccivil_03/Leis/2002/L10406compilada.htm. Acesso em: 4 maio 2020.

BRASIL. Código de Defesa do Consumidor. Lei nº 8.078, de 11 de setembro de 1990. Dispõe sobre a proteção do consumidor e dá outras providências. Disponível em: http://www.planalto.gov.br/ccivil_03/Leis/L8078.htm. Acesso em: 4 maio 2020.

BRASIL. Código de Processo Civil. Lei nº 13.105, de 16 de março de 2015. Código de Processo Civil. Diário Oficial da União. Brasília, DF. Disponível em: http://www.planalto.gov.br/ccivil_03/_ato2015-2018/2015/lei/l13105.htm. Acesso em: 4 maio 2020.

BRASIL. Conselho de Justiça Federal. Enunciado 560. No plano patrimonial, a manifestação do dano reflexo ou por ricochete não se restringe às hipóteses previstas no art. 948 do Código Civil.

BRASIL. Constituição da República Federativa do Brasil. Promulgada em 5 de outubro de 1988. Disponível em: http://www.planalto.gov.br/ccivil_03/constituicao/constituicao.htm. Acesso em: 4 maio 2020.

BRASIL. Decreto-Lei nº 2681/1912. Lei das Estradas de Ferro. Disponível em: http://www.planalto.gov.br/ccivil_03/decreto/D2681_1912.htm. Acesso em: 4 maio 2020.

BRASIL. Jornadas de Direito Civil I, III, IV e V. Enunciados. Enunciado 25. O art. 422 do Código Civil não inviabiliza a aplicação pelo julgador do princípio da boa-fé nas fases pré-contratual e pós-contratual. Brasília: Conselho de Justiça Federal, Centro de Estudos Judiciários, 2012. Disponível em: https://www.cjf.jus.br/cjf/corregedoria-da-justica-federal/centro-de-estudos-judiciarios-1/publicacoes-1/jornadas-cej/EnunciadosAprovados-Jornadas-1345.pdf. Acesso em: 4 maio 2020.

BRASIL. Jornadas de Direito Civil I, III, IV e V. Enunciados. Enunciado 170. A boa-fé objetiva deve ser observada pelas partes na fase de negociações preliminares e após a execução do contrato, quando tal exigência decorrer da natureza do contrato. Brasília: Conselho de Justiça Federal, Centro de Estudos Judiciários, 2012. Disponível em: https://www.cjf.jus.br/cjf/corregedoria-da-justica-federal/centro-de-estudos-judiciarios-1/publicacoes-1/jornadas-cej/EnunciadosAprovados-Jornadas-1345.pdf. Acesso em: 4 maio 2020.

BRASIL. Jornadas de Direito Civil I, III, IV e V. Enunciados. Enunciado 25. O art. 422 do Código Civil não inviabiliza a aplicação pelo julgador do princípio da boa-fé nas fases pré-contratual e pós-contratual. Brasília: Conselho de Justiça Federal, Centro de Estudos Judiciários, 2012. Disponível em: https://www.cjf.jus.br/cjf/corregedoria-da-justica-federal/centro-de-estudos-judiciarios-1/publicacoes-1/jornadas-cej/EnunciadosAprovados-Jornadas-1345.pdf. Acesso em: 4 maio 2020.

BRASIL. Lei nº 7.565/1986. Código Brasileiro de Aeronáutica. Disponível em: http://www.planalto.gov.br/ccivil_03/leis/l7565.htm. Acesso em: 4 maio 2020.

BRASIL. Superior Tribunal de Justiça. REsp 1.059.663/MS, DJ, 17-12-2008. Relatora: Ministra Nancy Andrighi. Data de Julgamento: 02/12/2008, Terceira Turma, Data de Publicação 17/12/2008. Disponível em: https://stj.jusbrasil.com.br/jurisprudencia/2352027/recurso-especial-resp-1059663-ms-2008-0112156-1/inteiro-teor-12222697?ref=juris-tabs. Acesso em: 4 maio 2020.

BRASIL. Superior Tribunal de Justiça. REsp 1.335.617/SP, DJ, 22-04-2014. Relator: Ministro Sidnei Beneti. Julgado em: 27/03/2014, Terceira Turma, Data de Publicação: 22/04/2011. Informativo nº 540. Disponível em: https://stj.jusbrasil.com.br/jurisprudencia/25055062/recurso-especial-resp-1335617-sp-2011-0106487-0-stj/inteiro-teor-25055063?ref=juris-tabs. Acesso em: 4 maio 2020.

BRASIL. Superior Tribunal de Justiça. REsp 1.379.761/SP, DJ, 30-03-2011. Relator: Ministro Luis Felipe Salomão. Data de Julgamento: 23/03/2011, Data de Publicação: 30/03/2011. Disponível em: https://stj.jusbrasil.com.br/jurisprudencia/18697711/ag-1379761. Acesso em: 4 maio 2020.

BRASIL. Superior Tribunal de Justiça. REsp 11.725. Relator: Ministro Antônio de Pádua Ribeiro. Segunda Turma. Publicado no DJe em 13/12/1993.

BRASIL. Superior Tribunal de Justiça. REsp 11.725/RN, DJ, 16-03-1992. Relator: Ministro Antônio de Pádua Ribeiro, Segunda Turma, Publicado no DJe em 13/12/1993. (INFORMAÇÕES DIVERGENTES) Link:

BRASIL. Superior Tribunal de Justiça. REsp 1133111/PR, DJ, 05-11-2009. Relator: Ministro Sidnei Beneti, Data de Julgamento: 06/10/2009, Terceira Turma, Data de Publicação: 05.11.2009. Disponível em: https://stj.jusbrasil.com.br/jurisprudencia/5916569/recurso-especial-resp-1133111-pr-2009-0143980-9-stj. Acesso em: 4 maio 2020.

BRASIL. Superior Tribunal de Justiça. REsp 1133111/PR, Relator: Ministro Sidnei Beneti, Terceira Turma, j. 06.10.2009, DJe 05.11.2009.

BRASIL. Superior Tribunal de Justiça. REsp 116.372/MG, DJ, 02-02-1998. Relator: Ministro Sálvio de Figueiredo Teixeira, Quarta Turma, Data de Publicação: 02/02/1998.

BRASIL. Superior Tribunal de Justiça. REsp 439408/SP, DJ, 21-10-2002. Relator: Ministro José Delgado. Data de Julgamento: 05/09/2002, Primeira Turma, Data de Publicação: 21/10/2002. p. 308. Lex STJ vol. 159, p. 210. Disponível em: https://stj.jusbrasil.com.br/jurisprudencia/7558977/recurso-especial-resp-439408-sp-2002-0071492-6-stj. Acesso em: 4 maio 2020.

BRASIL. Superior Tribunal de Justiça. REsp 494.867/AM, DJ, 29-09-2003. Relator: Ministro Castro Filho. Data de Julgamento: 26/06/2003, Terceira Turma, Data de Publicação: 29/09/2003. Disponível em: https://stj.jusbrasil.com.br/jurisprudencia/7416102/recurso-especial-resp-494867-am-2003-0018601-9/inteiro-teor-13070000. Acesso em: 4 maio 2020.

BRASIL. Superior Tribunal de Justiça. REsp 969.097/DF, DJ, 17-12-2008. Relator: Ministro Luiz Fux. Data de Julgamento: 20/11/2008, Primeira Turma, Data de Publicação: 17/12/2008. Disponível em: https://stj.jusbrasil.com.br/jurisprudencia/2352012/recurso-especial-resp-969097-df-2007-0165590-7/inteiro-teor-12222727?ref=juris-tabs. Acesso em: 4 maio 2020.

BRASIL. Superior Tribunal de Justiça. Súmula 37. São cumuláveis as indenizações por dano material e dano moral oriundos do mesmo fato. Brasília, DF. Superior Tribunal de Justiça. Disponível em: https://scon.stj.jus.br/SCON/sumulas/doc.jsp?livre=@num=%2737%27.

BRASIL. Supremo Tribunal Federal. Súmula 492. A empresa locadora de veículos responde, civil e solidariamente com o locatário, pelos danos por este causados a terceiro, no uso do carro locado. Brasília, DF. Disponível em: http://www.stf.jus.br/portal/jurisprudencia/menuSumarioSumulas.asp?sumula=2628. Acesso em: 4 maio 2020.

BRASIL. Supremo Tribunal Federal. Súmula. 161. Em contrato de transporte, é inoperante a cláusula de não indenizar. Brasília, DF. Supremo Tribunal Federal. Disponível em: http://www.stf.jus.br/portal/jurisprudencia/menuSumarioSumulas.asp?sumula=3501. Acesso em: 4 maio 2020.

BRASIL. Supremo Tribunal Federal. Súmula. 227. A pessoa jurídica pode sofrer dano moral. Brasília, DF. Supremo Tribunal Federal. Disponível em: https://ww2.stj.jus.br/docs_internet/revista/eletronica/stj-revista-sumulas-2011_17_capSumula227.pdf. Acesso em: 4 maio 2020.

CARBONNIER, Jean. *Droit civil*: Les obligations. Paris: Presses Universitaires de France, 1995. v. 4.

CAVALIERI, Sergio. *Programa de Responsabilidade Civil*. 10. ed. São Paulo: Editora Atlas, 2012.

CAVALIERI, Sergio. *Programa de Responsabilidade Civil*. 13. ed. São Paulo: Editora Atlas, 2019.

CHAVES, Antônio. *Responsabilidade pré-contratual*. 2. ed. São Paulo: Lejus, 1997.

COSTA, Judith Martins da. Os Fundamentos da Responsabilidade Civil. *In:* STOCO, Rui. *Tratado de Responsabilidade Civil.* 7. ed. São Paulo: Revista dos Tribunais, 2005.

DINIZ, Maria Helena. *Curso de Direito Civil Brasileiro.* 20. ed. São Paulo: Saraiva, 2003.

DINIZ, Maria Helena. *Curso de Direito Civil Brasileiro.* 30. ed. São Paulo: Saraiva, 2013.

DINIZ, Maria Helena. *Curso de Direito Civil Brasileiro:* responsabilidade civil. 23. ed. rev. São Paulo: Saraiva, 2009. v. 7.

DINIZ, Maria Helena. *Curso de Direito Civil Brasileiro:* responsabilidade Civil. 24. ed. São Paulo: Saraiva, 2010.

DINIZ, Maria Helena. *Curso de Direito Civil Brasileiro:* teoria das obrigações contratuais e extracontratuais. 32. ed. São Paulo: Saraiva, 2016. v. 3.

DINIZ, Maria Helena. *Curso de Direito Civil.* 9. ed. São Paulo: Saraiva, 1995.

FRANÇA, R. Limongi. *Manual de Direito Civil 3.* São Paulo: Revista dos Tribunais, 1975.

GAGLIANO, Pablo Stolze. *Responsabilidade Civil 3.* 15. ed. São Paulo. Saraiva 2017.

GAGLIANO, Pablo Stolze; PAMPLONA FILHO, Rodolfo. *Novo Curso de Direito Civil.* 6. ed. São Paulo: Saraiva, 2015. v. III.

GIORDANI, José Acir Lessa. Embasamento Teórico. *In:* GIORDANI, José Acir Lessa. *A responsabilidade civil objetiva genérica no Código Civil de 2002.* Rio de Janeiro: Editora Lumen Júris, 2004.

GOMES, Marcelo Kokke. *Responsabilidade Civil: dano e defesa do consumidor.* Belo Horizonte: Editora Del Rey, 2010.

GOMES, Orlando. *Obrigações.* 10. ed. Rio de Janeiro: Editora Forense, 1995.

GOMES. Luiz Roldão de Freitas. *Elementos de Responsabilidade Civil.* Rio de Janeiro: Editora Renovar, 2000.

GONÇALVES, Carlos Roberto. *Responsabilidade Civil 4.* 12. ed. São Paulo: Saraiva, 2017.

GONÇALVES, Carlos Roberto. *Responsabilidade Civil.* 11. ed. São Paulo: Saraiva, 2009.

GONÇALVES, Carlos Roberto. *Teoria geral das obrigações.* 14. ed. São Paulo: Saraiva, 2017.

IGLESIAS, Sérgio. *Responsabilidade Civil.* São Paulo: Manole, 2002

VENOSA, Sílvio. *Responsabilidade Civil.* 12. ed. São Paulo: Atlas, 2012.

JORGE, Fernando Pessoa. *Ensaio sobre os pressupostos da responsabilidade* civil. São Paulo: Edições Almedina, 1999.

LISBOA, Roberto Senise. *Direito Civil de A a Z.* São Paulo: Manole, 2008.

LÔBO, Paulo. *Direito Civil. Obrigações.* 7. ed. São Paulo: Saraiva, 2019.

LOPES, Christian Sahb Batista; RIBEIRO, Mariana Richter. A disciplina dos juros no direito brasileiro após o advento do Código Civil de 2002. *Revista Meritum,* Belo Horizonte, v. 9, n. 1, p. 15-66, jan./jun. 2014.

MEDEIROS, Antônio Paulo Cachapuz (Org.). *Faculdade de Direito*: o ensino jurídico no limiar do novo século. Porto Alegre: EDIPUCRS, 1997.

MEIRELLES, Hely Lopes. *Direito Administrativo Brasileiro*. 24. ed. São Paulo: Malheiros, 1999.

MELLO, Marcos Bernardes de. *Teoria do Fato Jurídico*: plano de existência. 22. ed. São Paulo: Editora Saraiva Jur., 2019.

MELLO, Marcos Bernardes. *Teoria do Fato Jurídico*: plano de eficácia – 1ª parte. 10. ed. São Paulo: Saraiva, 2015.

MIRAGEM, Bruno Nubens Barbosa. *Direito Civil*: responsabilidade civil. São Paulo: Saraiva, 2015.

MIRANDA. Pontes de. *Tratado de Direito Privado*. 26. ed. Rio de Janeiro: Editora Borsoi, 1959.

NUNES, Luiz Antônio Rizzatto. *Curso de Direito do Consumidor*. 6. ed. São Paulo: Saraiva, 2011.

ROCCHI JUNIOR, Antônio. Dano Moral: e os critérios para fixação do quantum indenizatório. Mato Grosso do Sul: [S.n.], 2015

RODRIGUES, Silvio. *Curso de Direito Civil*. 21. ed. São Paulo: Saraiva, 1990

RODRIGUES, Silvio. *Direito Civil*: responsabilidade civil. 19. ed. São Paulo: Saraiva, 2003.

SAVATIER, René. *Traité de la responsabilité civile*. Paris: LGDJ Une Marque de Lextenso, 1940. v. 1.

SOARES, Thiago Faria. *Direito Civil III*. São Paulo: Saraiva, 2013. v. 17. (Coleção Saberes do Direito)

STOCO, Rui. *Responsabilidade civil e sua interpretação jurisprudencial*. 3 ed. rev. e ampl. São Paulo: Editora Revista dos Tribunais, 1997.

STOCO, Rui. *Tratado de Responsabilidade Civil*. 10. ed. São Paulo: Revista dos Tribunais, 2014.

STOLZE, Pablo. *Responsabilidade Civil 3*. 15. ed. São Paulo: Editora Saraiva, 2017.

TARTUCE, Flávio. *Manual de Responsabilidade Civil*. São Paulo: Editora Método, 2018.

VENOSA, Silvio de Salvo. *Novo Código Civil*: texto comparado, código civil de 2001, código civil de 1964. 4. ed. São Paulo: Atlas, 2004.

VENOSA, Sílvio. *Direito Civil*: Responsabilidade Civil. 12. ed. São Paulo: Editora Atlas, 2012.

WALD, Arnoldo; GIANCOLI, Brunno Pandori. *Direito Civil*: responsabilidade civil. São Paulo: Atlas, 2011.

- editoraletramento
- editoraletramento
- grupoletramento
- editoraletramento.com.br
- company/grupoeditorialletramento
- contato@editoraletramento.com.br
- casadodireito.com
- casadodireitoed
- casadodireito

Grupo
Editorial
LETRAMENTO